中國學術思想 研究輯刊

四 編

林 慶 彰 主編

第 17 冊

毛西河及其《春秋》學之研究

陳 逢 源 著

花木蘭文化出版社

國家圖書館出版品預行編目資料

毛西河及其《春秋》學之研究／陳逢源 著 — 初版 — 台北縣
永和市：花木蘭文化出版社，2009〔民98〕

目 2+150 面；19×26 公分
(中國學術思想研究輯刊 四編：第 17 冊)
ISBN：978-986-6449-16-1（精裝）
1.（清）毛奇齡 2.春秋（經書） 3.學術思想 4.研究考訂
621.7   98001918

ISBN - 978-986-6449-16-1

中國學術思想研究輯刊
四 編 第十七冊   ISBN：978-986-6449-16-1

毛西河及其《春秋》學之研究

作　　者　陳逢源
主　　編　林慶彰
總 編 輯　杜潔祥
出　　版　花木蘭文化出版社
發 行 所　花木蘭文化出版社
發 行 人　高小娟
聯絡地址　台北縣永和市中正路五九五號七樓之三
　　　　　電話：02-2923-1455／傳眞：02-2923-1452
網　　址　http://www.huamulan.tw 信箱 sut81518@ms59.hinet.net
印　　刷　普羅文化出版廣告事業
封面設計　劉開工作室
初　　版　2009 年 3 月
定　　價　四編 28 冊（精裝）新台幣 46,000 元

毛西河及其《春秋》學之研究

陳逢源　著

作者簡介

陳逢源，政大中文所碩士、博士，現任教於政大中文系，教授《左傳》、中國思想史等課程，專長為《四書》、《春秋》、經學及思想史等，有《毛西河四書學之研究》、《朱熹與四書章句集注》關乎《四書》學之著作，〈春秋書弒例辨析〉、〈國家體制的思惟──春秋書例的另一種詮釋方向〉等有關《春秋》之研究篇章，其他尚有關於經學、學術史等論文數十篇。

提　　要

　　毛奇齡，號河右、西河，為清初由陽明心學入考據學之關鍵人物，《毛西河全集》經學著作共五十種，二百三十六卷，文集部分有二百六十三卷，其他失收或是亡佚之作尚有十餘種，數量龐大卻乏梳理。本文為求明晰，整理其著作，纂輯其「年譜」，嘗試了解其一生學思歷程，並分析《春秋毛氏傳》、《春秋屬辭比事記》、《春秋條貫篇》、《春秋占筮書》、《春秋簡書刊誤》等《春秋》學之相關著作，檢視其「簡、策分書」、「二十二門部」、「禮、事、文、義」四例等概念，以及「屬辭比事」解經手法等，對其批判《胡傳》謬失，力求回復《春秋》本經地位，有深入之分析，至於引文不當、說解謬失之處，也有適切的檢討。

目

次

緒　論

　　清初學者痛矯時文之弊，棄今從古，棄虛向實，顧炎武、黃宗羲等倡之在前，毛奇齡、閻若璩等繼之於後，爲清代乾嘉經學，提供良好之基礎，而促成清代經學之復興。〔註1〕對於顧、黃等人在經學上之建樹，後世學者多有闡述，而對於毛奇齡，則尙未有人作專門之研究，事實上，毛奇齡之見解，不僅能說明此一階段學術之特色，也有助於了解明末清初學風轉變的原因，此爲本文研究動機之一。

　　至於本論文以毛奇齡《春秋》學爲研究重心，原因有二：一、《春秋》經

〔註1〕皮錫瑞撰《經學歷史》歸納清代經學復興之原因有近因、有遠因，云：「經學所以衰而復盛者，一則明用時文取士，至末年而流弊已甚。顧炎武謂八股之害，甚於焚書。閻若璩謂不通古今，至明之作時文者而極。一時才俊之士，痛矯時文之陋，薄今愛古，棄虛崇實，挽回風氣，幡然一變。王夫之、顧炎武、黃宗羲皆負絕人之資，爲擧世不爲之學。於是毛奇齡、閻若璩等接踵繼起，考訂校勘，愈推愈密，斯爲近因。一則朱子在宋儒中，學最篤實。元、明崇尚朱學，未盡得朱子之旨。朱子常敎人看注疏，不可輕議漢儒。又云：『漢、魏諸儒，正音讀，通訓詁，考制度，辨名物，其功博矣。』後以宋孝宗崩，寧宗應承重，而無明據，未能折服異議；及讀《儀禮疏》，鄭答趙商問父有廢疾而爲其祖服制三年斬，乃大佩服。謂禮經之文誠有闕略，不無待於後人；向使無鄭康成，則此事誠未有斷決。朱子晚年修《儀禮經傳通解》，蓋因乎此；惜書未成而歿。元、明乃專取其中年未定之說取士，士子樂其簡易。而元本不重儒，科擧不常行；明亦不尊經，科擧法甚陋。慕宗朱之名，而不究其實，非朱子之過也。朱子能遵古義，故從朱學者，如黃震、許謙、金履祥、王應麟諸儒，皆有根柢。王應麟輯《三家詩》與鄭《易注》，開國朝輯古佚書之派。王、顧、黃三大儒，皆嘗潛心朱學，而加以擴充，開國初漢、宋兼采之派。斯爲遠因。」頁328～329。皮錫瑞所言，綜合清代經學復興原因，有遠承、有近因，洵有識矣。

與政治關係密切，〔註2〕有助於切入當時政治環境，了解其援經應世之主張。二、《毛西河先生全集》中有關《春秋》之著作，包括《春秋毛氏傳》三十六卷、《春秋屬辭比事記》四卷、《春秋條貫篇》十一卷、《春秋占筮書》三卷、《春秋簡書刊誤》二卷，共五部，曾經西河手定。〔註3〕見解一致，較無前後矛盾之處，易於確實了解其主張，此爲動機之二。

所以本論文所擬採取的方法，先由相關之論著中，作整體之省察，綜合其要旨，剖析其目的，以期了解其理論脈絡及論證之得失。

在內容方面凡分五章，第一章：毛西河之生平及著作；以西河生平及著作爲論述重點，並纂輯簡譜，考訂西河生平大略。第二章：毛西河《春秋》學之撰述背景及目的；探討西河《春秋》學與時代背景之互動關係，並歸納其撰述目的，乃在批駁《胡傳》謬失、力求回復《春秋》本經地位。第三章：毛西河《春秋》學之要旨；重點在歸納西河《春秋》學之特殊見解，如提出簡、策分書之概念，強調屬辭比事之應用，歸納經文爲二十二個門部，以及立四例解經等。並探討這些見解的來由，以及在西河《春秋》學之理論體系中的作用。第四章：毛西河《春秋》學之得失，針對西河所提的見解，加以檢討、定位，對於西河強調經典之價值，以及重視史實之精神，予以肯定，至於引文不當，以及說解論證之謬失，則加以檢討。第五章：結論；歸納前文之研究成果，力求確實呈現西河《春秋》學之特色。

論文撰寫期間，林師慶彰，提供許多資料，周師一田、李師威熊以及李師振興皆曾給予意見，尤其董師金裕，更是鉅細靡遺地疏通文句，剔除文義不妥之處，在請益時，不論提綱立目、邏輯推理、或修飾文辭等各方面都使筆者獲益良多，謹在此申致無限謝忱。然而筆者淺陋，其中或尚有疏漏謬誤之處，尚祈先進不吝指正。

〔註2〕 詳見第二章，第一節毛西河《春秋》學之產生背景。

〔註3〕 《毛西河先生全集·西河經集凡例》云：「今輯諸經集，惟《易》、《春秋》全經繫先生手定，餘俱門人所輯，或多闕漏，或見重複，且尚有讎校訛錯，稍戾原本者，全藉高明共訂正之。」（〈經例〉）頁2。

第一章　毛西河之生平及著作

第一節　生　平

　　毛奇齡，浙江蕭山（今浙江省蕭山縣）人，生於明熹宗天啓三年（1623），卒於清康熙五十五年（1716），年九十四。〔註1〕父秉鏡，敕贈翰林院檢討，以孝行列入《浙江通志》中，育有四子，奇齡排行第四，名爲奇齡者，乃是因爲其母張太君生奇齡時，夢番僧寄以度牒，四邊有五虬相啣，遂取郭璞〈游仙詩〉「奇齡邁五龍」之句，命名「奇齡」，字大可。先人爲河南人氏。〔註2〕故以郡

〔註 1〕阮元等撰之《國史文苑傳稿》卷二下，阮元撰之《儒林集傳錄存》，乾隆刊之《紹興府志》卷五十三，錢林輯、王藻編之《文獻徵存錄》卷一，徐世昌等撰之《清儒學案》卷二十五，皆言西河於康熙五十五年卒於家，年九十四。錢賓四先生之《中國近三百年學術史》亦承此說，頁226。《清史稿》卷四百八十一則言卒於康熙五十二年，年九十一。《毛西河先生全集・總目》中西河門人蔣樞云：「先生自康熙三十八年以後，越五年而東歸草堂，又九年而卒。」（卷首，頁43～44）與《清史稿》說法相合，何以有兩說之差異，實難明析。所以今仍以普遍之說法言之，兼存卒年九十一之說。此外，《蕭山縣志稿》卷十，言卒於康熙五十四年。李元度之《清朝先正事略》卷三十二，言卒年八十五，並無他說佐證，疑誤。

〔註 2〕據盛唐撰〈西河先生傳〉，西河先人本爲河南平丘人氏，宋靖康末有邇英殿學士毛惟瞻，由平丘南遷于臨安。其孫度，登紹興直言極諫科進士，官侍御史，因爲忤朝廷和議，貶爲餘姚縣丞，便居於此。入元時，家道衰微，直到西河八世祖毛吉以廣東按察司兵備副使，殉於雲岫山賊，諡忠襄。七世祖科則爲雲南布政司參政，與從弟傑，官刑部主事，皆有名於時。傑之子憲爲湖廣按察司使，實刑部郎中，從弟復爲侍御史巡按廣東，此爲六世。憲子紹元爲江西按察使，惇元嘉靖己未榜眼，爲翰林院編修。從弟淵爲貴州石阡府教授，平龍保苗賊有功，加四品，服俸從祀名宦，此爲西河高祖，時已遷居蕭山。祖父應鳳爲萬曆禮部儒士，詔賜粟帛加贈朝請大夫，父秉鏡，敕贈翰林院檢

望號「河右」、「西河」。少時入學宮，與其兄萬齡皆知名，人稱小毛生。逃亡時則改姓名爲王彥、字士方。〔註3〕至淮上，因人漸知奇齡，又改名姓，取其生之又生，字齊于。〔註4〕後遇赦事解，才恢復奇齡原名入廩監。康熙十八年應博學鴻儒科，授翰林院檢討，所以也有以官銜稱之者，死後門人依郡號私謚「西河」，〔註5〕所以學者大多以「西河先生」稱之。由於其名號甚多，〔註6〕但稱

討。西河兄弟四人，依序爲萬齡、錫齡、慧齡，西河爲第四。西河六十七歲曾生一子，早夭，以慧齡之子遠宗爲繼子。見《毛西河先生全集》卷首，頁10。茲以圖示之：

〔註3〕 同註二，「……友人蔡仲光急過曰：『怨深矣，不走，將不免。』指壁間所書王烈名，曰：『請名王彥，字士方，吾他日天涯相問訊者，王士方矣。』」頁14～15。

〔註4〕 毛西河撰《西河集》卷一百一，自爲〈墓誌銘〉云：「予在淮，淮人有知予毛生者。予曰：『雖然，予毛甡也。』又曰：『予瀕死屢矣，幸而生。甡者，生又生也。』又曰：『吾生十年瘍，五年兵戈者，十年奔走道路，二十年能再生乎？所謂甡者，亦冀夫生之者也。』」收入影印本《四庫全書》第一三二一冊，頁130。其於「予毛甡也」下注云：「即所更名。」尋繹文理，實西河懼禍，而淮人多知其名，遂因人稱毛生，變造爲甡，取其生之又生之意，並用以期許能絕處逢生。施閏章《學餘堂文集》卷十七〈毛子傳〉便以毛甡稱西河，云：「毛甡，蕭山人也。初名奇齡，字大可，一字齊于，曰：『吾淳于髡也。』」收入影印本《四庫全書》第一三一三冊，頁212，字齊于，取與淳于髡齊等之意。淳于髡，見載於《史記》卷一百二十六〈滑稽列傳〉，以「滑稽多辯」聞名，頁1325。

〔註5〕 同註2。云：「葬後請私謚，盛唐曰：『古有以字爲謚者，先生嘗自以受姓郡號稱西河矣，得毋字與號俱可稱乎？』衆曰：『善。』于是學者稱西河先生。」頁29。

〔註6〕 李集撰，李富孫、李遇春續，《鶴徵前錄》壬集，卷二十三云：「毛奇齡，原名甡，字大可，一字于，又字齊于，別號河右，又號西河，又有僧彌、僧開、初晴、秋晴、春莊、春遲諸號。」收入周駿富輯《清代傳記叢刊》第十三冊，頁485。西河名號甚多，據周駿富編之《清代傳記叢刊索引》之姓名索引，除上列之外，又有甡蕭、小毛子、于一，河右僧、開秋諸號。頁897。

西河最爲普遍，所以本文依此爲稱。

　　有關西河生平之記載甚多，其中以施閏章之〈毛子傳〉、西河自作之〈墓誌銘〉、盛唐之〈西河先生傳〉及全祖望之〈蕭山毛檢討別傳〉四篇最爲重要。〔註7〕施氏〈毛子傳〉撰成於西河四十餘歲時，西河之〈墓誌錄〉則爲七十歲時所作，在文獻關係上，兩篇都最切近西河，但都有不夠完整的缺陷。至於全氏之作，乃是用來訶詆西河，詳於學術，而略於生平。盛唐之〈西河先生傳〉則據西河〈墓誌銘〉而加詳，所以本文依盛唐〈西河先生傳〉並參考其他之記載略敍西河生平於後。〔註8〕

　　西河自幼穎慧，五歲請讀書，母親張太君口授《大學》，越一日便能成誦。十歲應童子試，推官陳子龍評爲才子，拔之冠童子，於是補生員。明崇禎十二年，以童年應臨安鄉試。但不久明朝即告滅亡，乃哭於學宮三日，遂廢舉子業。

　　順治二年，清軍下江南。當時屯駐寧波之鎮海將毛有倫，移師西陵，〔註9〕與民兵相合，抗拒清軍，稱西陵軍，共推魯王朱以海監國於紹興。因爲與西河有同宗之誼，所以推薦爲監軍推官，但西河力辭之。後批駁方、馬爲國賊得罪鎮東將軍方國安及馬士英，因而避於龕山毛有俶處。一月後返回西陵，髡髮緇衣，居於山寺，避過順治三年，清軍破紹興之誅戮。其間友人張杉，持黃道周之蠟書相招，但西河加以推辭。而對於這段辭命、拒召的說法，全祖望〈蕭山毛檢討別傳〉則指斥爲烏有，認爲應加存疑。〔註10〕

〔註7〕施閏章之〈毛子傳〉，見於《學餘堂文集》卷十七，收入影印本《四庫全書》第一三一三冊，頁212～213，云：「甡年四十餘。」張穆編之《閻潛邱先生年譜》卷一推測此傳作於康熙三、四年間，頁26。西河自爲〈墓誌銘〉見《西河集》卷一百一，收入影印本《四庫全書》第一三二一冊，據《毛西河先生全集‧總目》門人李庚星言：「先生七十歲時即自爲〈墓誌〉辭世。」卷首頁43。可知此〈墓誌銘〉之撰作時間。盛唐之〈西河先生傳〉收於《毛西河先生全集》卷首，頁10～29。全祖望之〈蕭山毛檢討別傳〉，見《鮚埼亭集‧外編》卷十二，頁825～828。

〔註8〕西河自爲〈墓誌銘〉云：「闔土室，聚《南》、《北》、《唐》、《五代》、《遼》、《金》、《元》史，暨諸書其中，縱觀之。」見《西河集》卷一百一，收入《四庫全書》第一三二一冊，頁125。可見西河由廢舉子業轉而研史之轉變。

〔註9〕同註八，云：「武陵侯王君之仁，保定伯兼鎮海將軍毛君有倫，原以備倭軍寧波，聞變，挈其軍而西屯之西陵，與民徒相合，名西陵軍。」頁125，西陵爲湖名，在浙江蕭山縣西，又名白馬湖，或西城湖，古有石姥祠，所以也稱石姥湖。

〔註10〕全謝山〈蕭山毛檢討別傳〉云：「保定伯毛有倫方貴，西河兄弟，以鼓琴進，

　　清軍平定東南後，文士仍踵習前代，好結詩社。西河品目嚴峻，為人所不喜，輯《越郡詩選》時，得罪王自超，撰連廂詞，又遭誣指為諷刺張縉彥。於是怨家誣陷西河聚眾殺營兵，官府四出搜捕。因而接受友人蔡仲光之建議，改名王彥，字士方，開始逃亡。其間四處藏匿。康熙初年，投靠山陽（今淮安縣）令朱禹錫。八月十五夜，張新標父子邀流寓淮上的名士，齊集東湖之濱，賦詩游飲其中。西河賦〈明河篇〉六百餘字，淮上諸家傳寫殆盡。由此與施閏章相識。然亦因此為眾所周知，於是只好又倉遑逃匿。

　　其後應施閏章之招，會講於白鷺洲書院。居廬陵一年。後因施氏移治崇仁，於是辭去，轉應淮西金使君之招，留之三年。最後由姜定菴及盧函赤的相助，事才平息，並由姜定菴以奇齡之名，代為捐金入國子監，使西河恢復監生的身分。康熙十七年，開博學鴻儒科，西河也在薦舉之列。翌年三月，試於體仁閣，共一百四十三人，試璿璣玉衡賦及省耕詩五言排律二十韻，錄取五十人，西河列於二等，授翰林院檢討，充史館纂修官，敕修《明史》。自此，西河免去流離之苦，並得與朝中大臣應酬唱和，廁身於文學侍臣之林。但因此立身大節也就不免為後人所非議。〔註11〕

　　康熙二十四年，西河充會試同考官，閱《春秋》房卷，由此對於《春秋》展現研究之興趣，其《春秋條貫篇》卷一即詳載此事始末。隨後以遷葬請假歸鄉，得痺病，兩足腫脹，遂不復出。康熙二十八年，聖祖南巡至浙，西河迎於西陵渡口，康熙頗加慰問。三十八年復南巡，西河以《樂本解說》二卷進呈，亦得嘉賞，並敕改刻本誤字。四十二年，聖祖三巡至浙，駐于杭州，西河又隨制撫諸臣候安於朝門，聖祖加以慰勞，命起立勿跪，並賜御書。因此，西河引康熙為生平知己。〔註12〕

　　　托末族。保定將官之。而江上事去，遂亡匿。乃妄自謂曾預義師，辭監軍之命，又得罪方、馬二將，幾至殺身，又將應漳浦黃公召者，皆烏有也。」《鮚埼亭集·外編》卷十二，頁825。

〔註11〕孫靜庵撰，《明遺民錄》卷十三〈徐芳聲、蔡仲光〉中載蔡仲光對西河云：「僕與子為金石友。子今朝貴人也。為忠為孝，則子自有子事。僕以桑榆之景，將披髮入山矣，更弗敢與世俗交。」頁101，蔡仲光為西河至友，然對於事新朝之事，顯然不甚諒解。章太炎《檢論》卷八〈楊顏錢別錄〉對此亦頗有感慨，云：「（西河）少壯苦節，有古烈士風，而晚節不終，媚于旃裘。全祖望藉學術以譴訶之，其言特有為發也。」收入《章太炎全集》第三冊，頁581。錢賓四先生《中國近三百年學術史》亦云：「西河才固奇而行則卑，以視往者顧、黃、王、顏一輩，誠令人有風景全非之感也。」頁228。

〔註12〕同註八，云：「西河之窮，逾于李廣。天子之知，十倍漢主，人亦有言，生平

-6-

其後以九十四歲高齡卒於家，因為曾髡髮而得罪，且流亡在外，未親見父親含歛，故遺命不冠、不履，不含歛、不沐浴更衣，不接弔客，唯有覆蓋朝服，用來答謝康熙知遇之恩。

西河於明末即以才子聞名，其後流寓四方，更是交游廣闊，與清初名士多有往來，《清儒學案·西河學案》後，即列有交游多人。〔註13〕西河本為文人，但其後轉尚學術，全祖望〈蕭山毛檢討別傳〉云：

> 乃其遊淮上，得交閻徵士百詩，始聞攷索經史之說，多手記之。已而入施公愚山幕，始得聞講學之說。西河才素高，稍有所聞，即能穿穴其異同，至數萬言。〔註14〕

《閻潛邱先生年譜》中，何秋濤亦贊成此說，認為西河四十歲之前以賦詩、填詞、選制藝，評傳奇為事，經解之作，則在歸田之後，並舉《白鷺洲主客說詩》多引潛邱說法為證，認為西河實心折閻若璩，只是好與爭名。〔註15〕梁啓超《中國近三百年學術史》則認為西河本為文人，應舉授檢討後，接觸京師治經學之風氣，才改治經學。〔註16〕錢賓四先生《中國近三百年學術史》於此則提出修正：一、西河生於浙東講學之鄉，對於良知之學，應非無所聞。〔註17〕二、由辨《古文尚書》真偽，亦可見潛邱實心服西河而「付之閔默」。〔註18〕對於西河本身之才學，似乎已給予較多注意。然其中尚有須加澄清之處：

得一人知己，可以不恨，今天下知西河者，孰有如皇上者乎？」頁136，言「漢主」，不知是否意含雙關？但西河對康熙之心態，則可瞭然。

〔註13〕徐世昌等編纂《清儒學案》卷二十六〈西河學案下〉列有顧炎武、閻若璩、胡渭、朱彝尊、湯斌、李因篤、汪琬、施閏章、毛甡、毛際可、張杉、劉漢中、來蕃、徐緘、方邁、屈復等人。頁476～482。

〔註14〕同註10，頁825～826。

〔註15〕張穆編，《閻潛邱先生年譜》卷三云：「秋濤案……（西河）四十以前，未見潛邱時，率以賦詩、填詞、選制藝、評傳奇為事。集中經解雖卷帙繁重，實皆歸田後作，自言二十餘歲時已作《續詩傳》，遭兵燹失其稿，然世亦未有見者。《島名》一卷，仍歸田後所成，託之早歲膡稿耳。《白鷺洲主客說詩》成於愚山署中，西河經解之最早出者也。中多引潛邱說，時方與潛邱訂交也。則謂西河考證之學得自潛邱，良信。又潛邱初成《疏證》寄西河時，西河貽書祇爭書中朱陸之辨而不及古文真偽，是其時於壁經源流尚未一考，迨剛主（李塨）進以《尚書》非偽之說，而《冤詞》作焉，始末並詳其〈再與潛邱書〉中。總之，西河固心折於潛邱，而必欲強與爭勝，此其所以為西河也。」頁23。

〔註16〕詳見梁啓超撰，《中國近三百年學術史》，頁190。

〔註17〕詳見錢賓四撰，《中國近三百年學術史》，頁234～235。

〔註18〕同註17，頁252。

其一：西河自京師歸鄉後，的確專意於經學，盛唐〈西河先生傳〉載云：

> 先生特重經學，嘗以老疾不能全註《書》、《禮》及《論語》、《中庸》
> 爲恨。而詞賦夥夥，屏棄惟恐後。〔註19〕

所以京師時期對於西河學術有明顯之轉變，應可承認。康熙開博學鴻儒科，網羅天下學士，逐漸形成研治經學之風氣。其中彼此都不甚相服，此或是文人相輕之習。李因篤曾與西河論音韻，據全氏所言，甚至有毆鬥之事發生。〔註20〕西河亦曾面折萬季野，爲萬季野所嗛怨。〔註21〕至於西河與閻若璩、胡渭、朱彝尊對於《古文尚書》眞僞之論爭，更是清代學術史大事。而這都顯示出清初辯駁論爭之情況，西河即身處這種學術環境之中。由本文研究，西河研經方式，乃是先立論旨，或先作推理，然後以資料填充，其中頗有曲解原文之處，且其推理亦未必得當，此於後文將有論述，閻若璩批評云：

> 江堯峰私造典禮、李天生杜撰故實、毛大可割裂經文。〔註22〕

對於諸家論爭狀況，以及西河治學之偏蔽，可以稍見端倪。事實上，閻若璩研經頗爲仔細，然爭勝心態，與諸人實無二致。

其二、言西河四十歲前無研經之事，實有待商榷，歸納諸家所言，乃是因爲不信西河〈墓誌銘〉及盛唐〈西河先生傳〉所言，認爲時序多有差誤矛盾，所以全然摒棄，但施氏〈毛子傳〉撰於白鷺洲講學之前，而其中已云西河：

> 平生長于治《詩》，取毛、鄭諸家折衷其說，著《毛詩省篇》。〔註23〕

《毛詩省篇》已亡佚，後來西河追憶部分內容，補作《國風省篇》一卷，今雖未見《毛詩省篇》，然不能斷定其爲烏有，而此已非所謂填詞應制之作，西河〈墓誌銘〉即云：

> 少讀經、稍長讀史，史自唐以後，無可問者，而經則六籍皆晦蝕，

〔註19〕同註2，頁28。

〔註20〕同註10，云：「西河雅好毆人，其與人語，稍不合，即罵，罵甚，繼以毆。一日，與富平李檢討天生，會於合肥閣學座，論韻學。天生主顧氏亭林韻說，西河斥以邪妄，天生秦人，故負氣，起而爭，西河罵之，天生奮拳毆西河，重傷。合肥素以兄事天生。西河遂不敢校，聞者快之。」頁826。

〔註21〕馮辰纂，《李恕谷先生年譜》卷三云：「季野叔在史館纂修，爲西河所折，嗛之。季野見先生（恕谷）所作〈河右全集敍〉，不悅。」頁14～15。此時爲康熙四十年，西河於康熙二十四年時離京，經歷多年，萬季野仍無法釋懷。

〔註22〕同註15，卷四，頁38。

〔註23〕施閏章撰，《學餘堂文集》卷十七〈毛子傳〉，收入影印本《四庫全書》第一三一三冊，頁213。

《易》、《春秋》爲尤甚，二千年來，誰則起而考正之。青春白日銷亡盡矣。惟《毛詩》可記憶者，瓔瓔作問答，散錄成帙，稍不可記憶，即已之。〔註 24〕

可知西河少時並非昧於經、史，至於少有論經之作，乃是因爲逃亡，缺乏書籍之故，所以僅能以記憶之《毛詩》作問答。〈墓誌銘〉又云：

徒抱經術，幸遭逢聖明，而未著實用，致空言無補，于心疚焉。〔註 25〕

足見西河早有研經致用的懷抱。全氏所言：「得交閻徵士百詩，始聞攷索經史之說。」（見前引）其實並非實情。

由上所論，可見西河交游及學術之概況。是以不煩附論於此。

第二節　著　作

西河自歸田後，專力於著作，李塨曾於復西河之書信中，透露其爲學情況云：

八十四歲，猶然繩頭細帖，核博精明，與十年前一。〔註 26〕

《顏李師承記》引用此文，盛贊西河「博學有文，著述甚富。」〔註 27〕西河門人蔣樞亦描述西河晚年「研經講學，殆無虛日。」〔註 28〕可知西河雖老不倦，著述甚多。據《毛西河先生全集・總目》中小註所言，似乎《西河合集》成於康熙三十八年，西河七十七歲時，由門人李塨、盛唐等加以編輯，並由李庚星等人加以參校，然此後西河仍是研讀不輟，所以西河卒後，又由西河從孫毛雍及門人蔣樞等，再加補輯，甚而有三輯。〔註 29〕由康熙三十九年，西河以書信

〔註 24〕同註 8，頁 128。

〔註 25〕同註 8，頁 136。

〔註 26〕同註 21，卷四，頁 6。

〔註 27〕徐世昌纂，《顏李師承記》云：「大可時年八十四矣，猶然繩頭細書，與前學樂時無異。大可博學有文，著述甚富，即與恕谷相見，論《易》、論《尚書》，論均博而能要，皆堪資法。」收入周駿富輯，《清代傳記叢刊》第九冊，頁 127。

〔註 28〕毛西河撰，《毛西河先生全集・總目》中，門人蔣樞題識云：「先生自康熙三十八年以後，越五年而東歸草堂，又九年而卒，中間研經講學，殆無虛日。」卷首，頁 43～44。

〔註 29〕同註 28，詳見卷首，頁 32～33 之編輯姓名，及〈總目〉中李庚星之附注，云：「先生晚年，專務經學，戒勿輯文集，故詩、賦、記、序諸文稿存者尚多，俟檢校，同未刻者續刻，其目不載，至屏、幛、墓石諸碑版文，任人贋作，

告知李塨，已將其《李氏學樂錄》二卷收入《西河全集》內，〔註30〕可知《西河合集》的結集當在康熙三十九年前，是以〈總目〉小註所言當爲可信。而據《李恕谷先生年譜》，李塨之〈西河合集總序〉則成於康熙四十年。〔註31〕《合集》之所以輯之再三，除因西河著作甚多外，亦因兼錄西河門人部分著作之故。今《毛西河先生全集》分經集二百三十六卷，文集二百六十三卷，其中已缺五卷，至於輯成前之舊集有：《夏歌集》、《瀨中集》、《當樓集》、《源路堂詩鈔》、《西河文選》、《兼本雜錄》、《丹攤雜錄》、《還町雜錄》、《桂枝集》、《越郡詩選》、《古今通韻》等，並未收入《合集》內（見《毛西河先生全集・卷首》總目，頁 37），已泰半亡佚。後來所作之《四書改錯》，則因懼禍，遺命不收入《合集》內，並鑿其板。〔註32〕乾隆敕修之《四庫全書》，收錄西河之著作，多達二十八種，若加上存目，則有六十三種之多。〔註33〕數量冠絕當時。《皇清經解》及《皇清經解續編》亦收錄不少西河經說。

　　由上所述，可知《毛西河先生全集》乃是研究西河學術之主要依據，然因卷帙龐大，所以目前尚無鉛印出版，台灣公藏則有中研院之康熙刊本，及台大、師大所藏之嘉慶元年刊本，其中台大有兩套，分藏文學院圖書館及研

　　　　掌錄者已慎防竄入，以辨真贋。但偽文甚多。按：先生七十歲時，即自爲〈墓誌〉辭世，而是集之成，訖于康熙三十八年，計之，實七十有七，倘是年以後，更有他刻非門下所錄，總屬贋本，觀者審之。」又蔣樞於其後續云：「……研經講學，殆無虛日，所積卷帙甚夥，經集如干卷，文集如干卷，既經鏤刻，而原目未載者，今悉補入，彙爲成書，部署一遵舊式……間有無從補輯者，闕而有待，不敢以贋本竄入云。」頁 43～44。

〔註30〕同註21，卷三，云：「（李塨）上河右書，錄〈六律正五音圖〉求正，並問郊社及經義。河右答書，盛稱先生英雋，騤世一人，且言已鏤《學樂》二卷入其《西河合集》內。」頁 11。

〔註31〕同註21，卷三，頁 14～15。

〔註32〕同註10，云：「西河晚年雕《四書改錯》，摹印未百部，聞朱子升祀殿上，遂斧其板。」頁 828。

〔註33〕然阮元撰，《儒林集傳錄存》，云：「經集自《仲氏易》以下，凡五十種。文集合詩、賦、序、記及他雜著，凡二百三十四卷。《四庫全書》收奇齡所著書目，多至四十餘部。」收入周駿富輯，《清代傳記叢刊》第十三冊，頁7。錢林輯，王藻編之《文獻徵存錄》（同上，第十冊，頁74）。徐世昌等纂之《清學儒案》頁438。皆承阮元之說。而《四庫全書總目》之索引，則錄有西河六十三種之著作，其中存目有三十五種。阮元言《毛西河先生全集》收錄情況，經集部份相合，但文集之卷數，則與筆者所計不符。阮元曾作〈毛西河檢討全集後序〉，收入《毛西河先生全集》卷首，頁1～2，大力表彰西河，對於《西河全集》應甚熟悉，不知其計算之法爲何？

究生圖書館，但保存狀況不佳。至於版本的差別，嘉慶刊本增加陶杏秀之〈藏毛西河全集原版序〉及阮元之〈毛西河檢討全集後序〉，而《春秋》部分則增加李塨撰之〈春秋毛氏傳序目〉，至於卷次及頁碼皆相同，唯各圖書館所藏分冊並不一致。

　　今依《毛西河先生全集‧西河合集總目錄》所列之著作，略述收錄存佚之狀況，《毛西河全集》所標注之分冊，則依中央研究院歷史語言研究所所藏康熙刊本之分冊。至於標注《皇清經解》及《皇清經解續編》之分冊，則依漢京文化事業公司印行之重編本。

一、經集部分

　　一、《仲氏易》三十卷，《毛西河全集》一～七冊，並收錄於影印本《四庫全書》第四十一冊，《皇清經解》第一冊，《無求備齋易經集成》第七十七～七十八冊，以及《易學叢書》續編，《大易類聚初集》第五十八種。

　　二、《推易始末》四卷，《毛西河全集》七～八冊，並收錄於影印本《四庫全書》第四十一冊，《四庫全書珍本》九集第六冊，《無求備齋易經集成》第一一七冊，《叢書集成新編》第十六冊，《龍威祕書》第八集第五十七冊。

　　三、《河圖洛書原舛編》一卷，《毛西河全集》第八冊。

　　四、《太極圖說遺議》一卷，《毛西河全集》第八冊。

　　五、《易小帖》五卷，《毛西河全集》九～十冊。並收錄於影印本《四庫全書》第四十一冊，《四庫全書珍本》九集第六冊。

　　六、《易韻》四卷，《毛西河全集》第十冊，並收錄於影印本《四庫全書》第二四二冊，《四庫全書珍本》九集第八十九冊。

　　七、《古文尚書冤詞》八卷，《毛西河全集》十一～十二冊，並收錄於影印本《四庫全書》第六十六冊，《四庫全書珍本》十集第十九冊。

　　八、《尚書廣聽錄》五卷，《毛西河全集》十二～十三冊，並收錄於影印本《四庫全書》第六十六冊，《四庫全書珍本》九集第三十四冊。

　　九、《舜典補亡》一卷，《毛西河全集》第十三冊，並收錄於《叢書集成新編》第一〇七冊，《藝海珠塵》絲集第十九冊。

　　一〇、《國風省篇》一卷，《毛西河全集》第十四冊。

一一、《毛詩寫官記》四卷,《毛西河全集》第十四冊,並收錄於影印本
《四庫全書》第八十六冊,《四庫全書珍本》九集第三十五冊。

一二、《詩札》二卷,《毛西河全集》第十五冊,並收錄於影印本《四庫全
書》第八十六冊,《四庫全書珍本》九集第三十五冊。

一三、《詩傳詩說駁義》五卷,《毛西河全集》第十五～十六冊,並收錄於
影印本《四庫全書》第八十六冊,《四庫全書珍本》十集第二十五冊。

一四、《白鷺洲主客說詩》一卷,《毛西河全集》第十六冊,並收錄於《皇
清經解續編》第七冊,《叢書集成新編》第五十六冊,《龍威祕書》
第八函第八集第六十四冊。

一五、《續詩傳鳥名》三卷,《毛西河全集》第十六冊,並收錄於影印本
《四庫全書》第八十六冊,《皇清經解續編》第七冊,《叢書集成新編》
第四十四冊,《龍威祕書》第八函第八集第六十四冊。

一六、《昏禮辨正》一卷,《毛西河全集》第十六冊,並收錄於《叢書集成
新編》第三十五冊,《藝海珠塵》匏集第三十三冊。

一七、《廟制折衷》二卷,《毛西河全集》第十七冊。

一八、《大小宗通繹》一卷,《毛西河全集》第十七冊,並收錄於《皇清經
解續編》第九冊,《叢書集成新編》第三十五冊,《藝海珠塵》匏集
第三十三冊,西南書局印行《大小宗通繹》等九種合訂本。

一九、《北郊配位尊西向議》一卷,《毛西河全集》第十七冊,並收錄於影印
本《四庫全書》第六六二冊,《叢書集成新編》第三十五冊,《藝海
珠塵》匏集第三十三冊。

二○、《辨定嘉靖大禮議》一卷,但《毛西河全集》中則有二卷,見十七～
十八冊,並收錄於《叢書集成新編》第三十五冊,《藝海珠塵》十一
集第四十一～四十二冊,《勝朝遺事初編》第一函第四冊則題爲《大
禮議辨》一卷。

二一、《辨定祭禮通俗譜》五卷,《毛西河全集》第十八～十九冊,並收錄於
影印本《四庫全書》第一四二冊,《四庫全書珍本》第九集第五十五
冊,《藝海珠塵》十一集第四十一～四十二冊。

二二、《喪禮吾說篇》十卷,《毛西河全集》十九～二十冊。

二三、《曾子問講錄》四卷,《毛西河全集》第二十一題爲《曾子講解錄》,
並收錄於《中國子學名著集成珍本初編》第二十三冊,《曾子四種》

第一～二冊，東海大學圖書館並藏有民國九年渭南嚴氏刊本。

二四、《儀禮疑義》二卷，《毛西河全集》缺，今亡佚。

二五、《春秋毛氏傳》三十六卷，《毛西河全集》二十二～三十冊，並收錄於影印本《四庫全書》第一七六冊，《皇清經解》第十二冊。

二六、《春秋屬辭比事記》四卷，《毛西河全集》第三十冊，並收錄於影印本《四庫全書》第一七六冊，《皇清經解》第十二冊，《叢書集成新編》第一〇九冊、《龍威祕書》第八函第八集第五十八冊。

二七、《春秋條貫篇》十一卷，《毛西河全集》第三十一～三十三冊。

二八、《春秋占筮書》三卷，《毛西河全集》第三十三～三十四冊，並收錄於影印本《四庫全書》第四十一冊，《四庫全書珍本》第十集第十二冊，《皇清經解續編》第一冊，《無求備齋易經集成》第一五四冊，《叢書集成新編》第二十四冊，《龍威祕書》第八函第八集第五十九冊，（善本）《易緯》八種，《易學叢書續編》。

二九、《春秋簡書刊誤》二卷，《毛西河全集》第三十四冊，並收錄於影印本《四庫全書》第一七六冊，《皇清經解》第十二冊。

三〇、《四書索解》四卷，《毛西河全集》第三十四～三十五冊，並收錄於《叢書集成新編》第十冊，《藝海珠塵》匏集第三十三～三十四冊。

三一、《論語稽求篇》七卷，《毛西河全集》第三十五～三十六冊，並收錄於影印本《四庫全書》第二一〇冊，《皇清經解》第十四冊，《無求備齋論語集成》第一八五～一八六冊，《叢書集成新編》第十七冊，《龍威祕書》第八函第八集第六十二冊。

三二、《大學證文》四卷，《毛西河全集》第三十六～三十七冊，並收錄於影印本《四庫全書》第二一〇冊，《四庫全書珍本》九集第六十五冊，《叢書集成新編》第十七冊，《龍威祕書》第八函第八集第六十三冊。

三三、《大學知本圖說》一卷，《毛西河全集》第三十七冊。

三四、《中庸說》五卷，《毛西河全集》第三十八～三十九冊。

三五、《四書賸言》四卷，《毛西河全集》第三十九冊，並收錄於《皇清經解》第十七冊。

三六、《四書賸言補》二卷，《毛西河全集》第四十冊，並收錄於《皇清經解》第十七冊。

三七、《聖門釋非錄》四卷，《毛西河全集》第四十冊。

三八、《逸講箋》三卷，《毛西河全集》第四十一冊。

三九、《聖諭樂本解》二卷，《毛西河全集》第四十一冊，並收錄於影印本
《四庫全書》第二二○冊，《四庫全書珍本》十集第二十四冊，《昭
代叢書》丙集第二帙娟第二十二冊。

四○、《竟山樂錄》四卷，一名《古樂復興錄》，《毛西河全集》第四十二～
四十三冊，並收錄於影印本《四庫全書》第二二○冊，《叢書集成新
編》第五十三冊，《藝苑捃華》第十九冊，《龍威祕書》第八函第八集
第六十冊。

四一、《皇言定聲錄》八卷，《毛西河全集》第四十三～四十四冊，並收錄
於影印本《四庫全書》第二二○冊，《四庫全書珍本》十集第五十九
冊。

四二、《李氏學樂錄》二卷，《毛西河全集》第四十四冊。

四三、《孝經問》一卷，《毛西河全集》第四十五冊，並收錄於影印本《四庫
全書》第一八二冊，《皇清經解續編》第十七冊。

四四、《周禮問》二卷，《毛西河全集》第四十五冊。

四五、《大學問》一卷，《毛西河全集》第四十五冊。

四六、《明堂問》一卷，《毛西河全集》第四十五冊，並收錄於《叢書集成新
編》第四十八冊，《龍威祕書》第八函第八集第六十三冊。

四七、《學校問》一卷，《毛西河全集》第四十六冊，並收錄於《叢書集成新
編》第三十三冊，《藝海珠塵》木集第五十五冊。

四八、《郊社禘祫問》一卷，《毛西河全集》第四十六冊，並收錄於影印本
《四庫全書》第一二九冊，《皇清經解續編》第十一冊，《叢書集成
新編》第三十五冊，《藝海珠塵》木集第五十五冊。

四九、《經問》十八卷，《毛西河全集》第四十六～五十冊，並收錄於影印本
《四庫全書》第一九一冊，《皇清經解》第十七冊則作十四卷，中央
圖書館則藏有日本寬政十一年蔓延堂刊本《經問》九卷。

五○、《經問補》三卷，《毛西河全集》第五十一冊，並收錄於影印本《四庫
全書》第一九一冊，《皇清經解》第十七冊則作一卷。

　　共五十種，二百三十六卷，今存四十九種，《儀禮疑義》二卷已亡佚，而
《毛西河全集》收錄《辨定嘉靖大禮議》則實為二卷，所以《毛西河全集》
經集部分所存實為二百三十五卷。

二、文集部分

　　一、〈誥〉一卷，《毛西河全集》第五十一冊。

　　二、〈頌〉一卷，《毛西河全集》第五十二冊。

　　三、〈策問〉一卷，《毛西河全集》缺，今亡佚。

　　四、〈表〉一卷，《毛西河全集》缺，今亡佚。

　　五、〈主客詞〉二卷，《毛西河全集》第五十二冊。

　　六、〈奏疏〉一卷，《毛西河全集》第五十二冊。

　　七、〈議〉四卷，《毛西河全集》第五十二～五十三冊。

　　八、〈揭子〉一卷，《毛西河全集》第五十三冊。

　　九、〈史館箚子〉二卷，《毛西河全集》第五十三～五十四冊。

　一○、〈史館擬判〉二卷，《毛西河全集》第五十四冊。

　一一、〈書〉八卷，《毛西河全集》第五十四～五十五冊。

　一二、〈牘札〉一卷，《毛西河全集》第五十五冊。

　一三、〈箋〉一卷，《毛西河全集》第五十五冊。

　一四、〈序〉三十四卷，《毛西河全集》第五十五～六十冊。

　一五、〈引弁首〉一卷，《毛西河全集》第六十一冊。

　一六、〈題題詞題端〉一卷，《毛西河全集》第六十一冊。

　十七、〈跋〉一卷，《毛西河全集》第六十一冊。

　十八、〈書後緣起〉一卷，《毛西河全集》第六十一冊。

　十九、〈碑記〉十一卷，《毛西河全集》第六十一～六十三冊。

　二○、〈傳〉十一卷，《毛西河全集》第六十三～六十六冊。

　二一、〈王文成傳本〉二卷，《毛西河全集》第六十六冊。並收錄於《明辨齋叢書》第三集第十八冊，題為《明新建伯王文成公傳本》。

　二二、〈墓碑銘〉二卷，《毛西河全集》第六十六～六十七冊。

　二三、〈墓表〉五卷，《毛西河全集》第六十七冊。

　二四、〈墓誌銘〉十六卷，《毛西河全集》第六十七～七十冊。

　二五、〈神道碑銘〉二卷，《毛西河全集》第七十冊。

　二六、〈塔誌銘〉二卷，《毛西河全集》第七十冊。

　二七、〈事狀〉四卷，《毛西河全集》第七十一冊。

　二八、〈年譜〉一卷，《毛西河全集》第七十一冊。

　二九、〈記事〉一卷，《毛西河全集》第七十一冊。

三〇、〈集課記〉一卷，《毛西河全集》第七十一冊。

三一、〈說〉一卷，《毛西河全集》第七十二冊。

三二、〈錄〉一卷，《毛西河全集》第七十二冊。

三三、〈制科雜錄〉一卷，《毛西河全集》第七十二冊。並收錄於《昭代叢書》戊集第五十四冊。

三四、〈後觀石錄〉一卷，《毛西河全集》第七十二冊。並收錄於《昭代叢書》光緒本乙集第六帙第十九冊，《美術叢書》第十一冊，《玉石古器譜錄》。

三五、〈越語肯綮錄〉一卷，《毛西河全集》第七十二冊。

三六、〈何御史孝子祠主復位錄〉一卷，《毛西河全集》第七十二冊。

三七、〈湘湖水利志〉三卷，《毛西河全集》第七十二～七十三冊。

三八、〈蕭山縣志刊誤〉三卷，《毛西河全集》第七十三冊。

三九、〈杭志三詰三誤辨〉一卷，《毛西河全集》第七十四冊。並收錄於《武林掌故叢編》第十七集第一三五冊。

四〇、〈天問補註〉一卷，《毛西河全集》第七十四冊。

四一、〈館課擬文〉一卷，《毛西河全集》第七十四冊。

四二、〈折客辨學文〉一卷，《毛西河全集》第七十四冊。

四三、〈答三辨文〉一卷，《毛西河全集》第七十四冊。

四四、〈釋二辨文〉一卷，《毛西河全集》第七十四冊。

四五、〈辨聖學非道學文〉一卷，《毛西河全集》第七十五冊。

四六、〈辨忠臣不徒死文〉一卷，《毛西河全集》第七十五冊。

四七、〈古禮今律無繼嗣文〉一卷，《毛西河全集》第七十五冊。

四八、〈古今無慶生日文〉一卷，《毛西河全集》第七十五冊。

四九、〈禁室女守志殉死文〉一卷，《毛西河全集》第七十五冊。

五〇、〈勝朝彤史拾遺記〉六卷，《毛西河全集》第七十五～七十六冊，並收錄於《筆記小說大觀》五編第六冊，《說庫》第五函第四十三～四十四冊，《叢書集成新編》第一〇七冊，《香豔叢書》第四集第十五～十六冊，《藝海珠塵》絲集第二十一～二十二冊，《舊小說己集》第十七冊收三則，《勝朝遺事》二編第二函第十三冊則作二卷。

五一、〈武宗外紀〉一卷，《毛西河全集》第七十六冊，並收錄於《筆記小說大觀》五編第八冊，《叢書集成新編》第一一九冊，《香豔叢書》第

十一集第四十二冊，《勝朝遺事初編》第一函第三冊，《藝海珠塵》
絲集第二十一冊，《中國近代內亂外禍歷史故事叢書》第七輯，《中
國歷史研究資料叢書》第十六冊，《舊小說己集》第十七冊收三則。

五二、〈後鑒錄〉七卷，《毛西河全集》第七十六～七十七冊。

五三、〈蠻史合志〉十五卷，《毛西河全集》第七十八～八十冊，中央研究歷
　　　史語言研究所藏有康熙年間刊本題作《蠻司合誌》。

五四、〈韻學要指〉十一卷，或作〈指要〉，一名〈古今通韻括略〉，《毛西河
　　　全集》第八十一～八十三冊，並收錄於《叢書集成新編》第四十冊，
　　　《龍威祕書》第八函第八集第五十九冊作一卷。中央研究院歷史語
　　　言研究所藏有康熙年間刊本。

五五、〈賦〉四卷，《毛西河全集》第八十三冊。

五六、〈續哀江南賦〉一卷，《毛西河全集》缺，今亡佚。

五七、〈九懷詞〉一卷，《毛西河全集》第八十四冊。

五八、〈擬廣博詞連珠詞〉一卷，《毛西河全集》缺，今亡佚。

五九、〈誄文〉一卷，《毛西河全集》第八十四冊。

六○、〈詩話〉八卷，《毛西河全集》第八十四～八十六冊，《昭代叢書》丙
　　　集第六帙孫第二十八冊則題作《西河詩話》一卷。

六一、〈詞話〉二卷，《毛西河全集》第八十六冊，並收錄於《詞話叢編》第
　　　四冊，《昭代叢書》丁集第四十四冊則題作《西河詞話》一卷。

六二、〈填詞〉六卷，《毛西河全集》第八十六～八十七冊。

六三、〈連廂詞〉一卷，《毛西河全集》第八十八冊。

六四、〈二韻詩〉三卷，又作〈五言三韻律〉，《毛西河全集》第八十八冊。

六五、〈七言絕句〉八卷，《毛西河全集》第八十九～九十冊。

六六、〈排律〉六卷，《毛西河全集》第九十一～九十二冊。

六七、〈七言古詩〉十三卷，《毛西河全集》第九十三～九十五冊。

六八、〈五言律詩〉六卷，《毛西河全集》第九十五～九十六冊。

六九、〈七言律詩〉十卷，《毛西河全集》第九十七～九十九冊。

七○、〈七言排律〉一卷，《毛西河全集》第九十九冊。

七一、〈五言格詩〉五卷，《毛西河全集》第九十九～一○○冊。

七二、〈雜體詩〉一卷《毛西河全集》〈總目〉注缺，其實即〈五言三韻律〉
　　　並未缺，刊於〈二韻詩〉前。

七三、〈徐都講詩〉一卷，《毛西河全集》第一〇〇冊。

共二百六十三卷，缺〈策問〉、〈表〉、〈續哀江南賦〉、〈擬廣博詞連珠詞〉四卷，所以《毛西河全集》文集部分實存二百五十九卷。而《毛西河全集》文集部分並收錄於影印本《四庫全書》第一三二〇～一三二一冊，及《四庫全書珍本》十一集第一七八～一八五冊。二者皆作一百九十卷。〔註34〕

至於現存西河所作單行之刊刻本及選本或單篇為叢書所收錄者，則依筆劃順序，略述收錄典藏之情況如下：

一、《三江考》一卷，收錄於《檀几叢書》二集第三帙翰第八冊，《小方壺齋輿地叢鈔》第四帙之十一第二十五冊頁762～763。

二、《三年服制考》一卷，收錄於《昭代叢書》康熙本乙集第二帙永第八冊，《昭代叢書》丙集第二帙娟第二十三冊。

三、《毛西河論定西廂記》五卷，臺灣大學文學院書館藏民國武進董氏誦芬室影印本。

四、《古今通韻》十二卷，收錄於影印本《四庫全書》第二四二冊，《四庫全書珍本》十集第七十二～七十三冊。中央研究院歷史語言研究所及臺灣大學文學院圖書館藏有康熙二十三年史館刊本。

五、《四書改錯》二十二卷，中央圖書館及東海圖書館藏有嘉慶十六年重刊本。

〔註34〕《四庫全書總目·西河文集提要》云：「文集凡二百三十四卷，而〈策問〉一卷、〈表〉一卷、〈集課記〉一卷、〈續哀江南賦〉一卷、〈擬廣博詞連珠詞〉一卷，皆有錄無書，其中如〈王文成傳本〉二卷、〈制科雜錄〉一卷、〈後觀石錄〉一卷、〈越語肯綮錄〉一卷、〈何御史孝子祠主復位錄〉一卷、〈湘湖水利志〉三卷、〈蕭山縣志刊誤〉三卷、〈杭志三詰三誤辨〉一卷、〈天問補註〉一卷、〈勝朝彤史拾遺記〉六卷、〈武宗外紀〉一卷、〈後鑒錄〉七卷、〈韻學要指〉十一卷、〈詩話〉八卷、〈詞話〉二卷，外附〈徐都講詩〉一卷，本各自為書，今亦分載於各部，其當編於集部者，實文一百二（應作一）十九卷，詩五十三卷，詞七卷，統計一百七十九卷。卷一百七十三，頁590。但《總目提要》所言與《四庫全書》所收錄之情況不符，《四庫全書》收錄有一百九十卷，除缺佚之五卷外，〈誥〉、〈王文成傳本〉、〈制科雜錄〉、〈後觀石錄〉、〈越語肯綮錄〉、〈何御史孝子祠主復位錄〉、〈湘湖水利忘〉、〈蕭山縣志刊誤〉、〈杭志三詰三誤辨〉、〈天問補註〉、〈勝朝彤史拾遺記〉、〈武宗外紀〉、〈後鑒錄〉、〈韻學要指〉、〈詩話〉、〈詞話〉，〈徐都講詩〉皆未附入，而卷一三七之〈連廂詞〉則云應刪而不錄，而〈答三辨文〉及〈釋二辨文〉合為一卷，〈辨聖學非道學文〉、〈辨忠臣不徒死文〉合為一卷，〈古禮今律無繼嗣文〉、〈古今無慶生日文〉合為一卷，共有一百九十卷，《提要》所言有誤。

六、〈西河襪箋〉一卷，收錄於《昭代叢書》丁集第三十九冊。

七、〈沈雲英傳〉，收錄於《舊小說己集》第十六冊，頁113～114。

八、〈杭城治火議〉一卷，〈附錄〉一卷，收錄於《武林掌故叢編》第十八集第一三八冊。

九、〈重建宣城徐烈婦祠碑記〉，收錄於《舊小說己集》第十六冊，頁116～117。

一〇、〈家貞女墮樓記〉，收錄於《舊小說己集》第十六冊，頁115～116。

一一、《家禮辨說》十六卷，收錄於《明辨叢書》第三集第十五冊～十六冊。

一二、《容齋千首詩》，李天馥撰，毛奇齡選，中央研究院歷史語言研究所藏光緒十二年活字本。

一三、〈曼殊回生記〉，收錄於《舊小說己集》第十六冊，頁112～113。

一四、〈曼殊葬銘〉，收錄於《舊小說己集》第十六冊，頁111～112。

一五、〈曼殊留影〉一卷，臺灣大學研究生圖書館藏民國十九年上海商務印書館玻璃版本。

一六、〈楊孝子傳〉，收錄於《舊小說己集》第十六冊，頁114～115。

一七、《檀弓訂誤》一卷，收錄於《學海類編》經翼第九冊，《遜敏堂叢書》第二冊，《昭代叢書》丙集第二峽娟第二十三冊，《叢書集成新編》第三十四冊。

十八、《嘯竹堂集》十六卷，王錫撰，毛奇齡選，姜宸英等評鈔本，藏於中央研究院歷史語言研究所。

三、附簡譜

　　王德毅編之《中國歷代名人年譜總目》言西河有「《毛大可自訂年譜》一卷，《西河合集》內」。（卷三，頁157）然《西河合集》中之〈年譜〉一卷，為西河所作馮易齋（名溥）之年譜，並非西河本人之年譜，李塨〈西河合集總序〉云：

　　　　塨擬輯先生年譜，以非先生意，中止。（卷首，頁9）

西河拒絕原因，今不易揣知，然目前尚無西河年譜，則可確定，而本文為有助於考辨其生平事略，乃不揣謭陋，纂輯西河簡譜。搜輯之範圍，除檢校《西河集》中標注時月之作品外，並參考施閏章之〈毛子傳〉、西河之〈墓誌銘〉、盛唐之〈西河先生傳〉，並吸收錢賓四先生《中國近三百年學術史》「附表」、

麥仲貴編《明清儒學家著述生卒年表》，以及《康熙實錄》、地方志、相關文
集中，有關西河之著作及事蹟。

明熹宗天啟三年，癸亥（1623），一歲。

　　△毛奇齡生。

明熹宗天啟七年，丁卯（1627），五歲。

　　△太君口授《大學》，越一日已成誦。（〈墓誌銘〉）。

明思宗崇禎四年，辛未（1631），九歲。

　　△受學於塾師沈四先生之門。（《西河集》卷四十八〈雪園集序〉）。

明思宗崇禎五年，壬申（1632），十歲。

　　△出赴試，應童子科。（《西河集》卷四十八〈雪園集序〉）。

　　△見楊盈川詩，誦而好之。（《西河集》卷四十五〈李廣寧司馬詩集序〉）。

明思宗崇禎十二年，己卯（1639），十七歲。

　　△秋，以童年應臨安鄉試。（《西河集》卷四十〈東皋詩集序〉）。

清世祖順治元年，甲申（1644），二十二歲。

　　△作〈殉難錄引〉。（《西河集》卷五十八）。

　　△會明亡，哭學宮三日，避會稽山賊，竄身城南山，與同縣沈禹錫、
　　　包秉德、蔡仲光為四友，築土室讀書。（〈墓誌銘〉）。

清世祖順治二年，乙酉（1645），二十三歲。

　　△清軍下江南，杭州不守，保定伯毛有倫移師西陵，擬授西河監軍推
　　　官，西河力辭之。（〈墓誌銘〉）。

清世祖順治五年，戊子（1648），二十六歲。

　　△戊子春，遇兜率弟子于申浦之上，遂作〈吳江泊蘆菴碑記〉。（《西河
　　　集》卷六十六）。

清世祖順治六年，己丑（1649），二十七歲。

　　△五月，作〈來式如易占跋〉。（《西河集》卷六十）。

清世祖順治八年，辛卯（1651），二十九歲。

　　△避讎初出游淮上，變姓名王彥字士方。（《閻潛邱先生年譜》卷一）。

清世祖順治十年，癸巳（1653），三十一歲。

　　△寓何氏，何氏自銘索書，作〈書何氏冊子自跋〉。（《西河集》卷六十）。

清世祖順治十二年，乙未（1655），三十三歲。

　　△與羅百駢集於紹興九曲里祁兵憲第。（《西河集》卷一百六十〈羅三行〉）。

清聖祖康熙元年，壬寅（1662），四十歲。

　　△朱禹錫就山陽令，並招西河。（參見〈墓志銘〉及《重修山陽縣志》卷六）。

清聖祖康熙二年，癸卯（1663），四十一歲。

　　△作〈新建東來禪院碑記〉。（《西河集》卷六十四）。

清聖祖康熙三年，甲辰（1664），四十二歲。

　　△甲辰首夏，作〈謝胡東崑被竊詩〉。（《西河集》卷一百六十）。

　　△重九，登雲起閣，分牌得鹽韻，先有律，祇複鹽字，作五言格詩〈賦得秋菊有佳色〉。（《西河集》卷一百八十五）。

　　△十月，登郭錦伯之有筠亭，作〈題淮陰郭氏有筠亭詩卷子〉。（《西河集》卷五十九）。

　　△十月，過揚州，遇金太守復平山堂，塡〈朝中措〉。（《西河集》卷一百三十五）。

清聖祖康熙四年，乙巳（1665），四十三歲。

　　△應湖西參議施閏章之招，經竇家瀆，遇保定伯家婢。（《西河先生傳》）。

　　△游少室，遇穎川戴尊師於少林後院，作〈琴室勒石記〉。（《西河集》卷六十三）。

　　△客廬陵白鷺洲，與施閏章講學，已而去游淮西。（《閻潛邱先生年譜》卷一）。〔註35〕

　　△冬末，逢廬陵令于慧男，作五律〈于廬陵就讞詩〉。（《西河集》卷一百六十八）。

清聖祖康熙六年，丁未（1667），四十五歲。

　　△作〈書圖繪寶鑑後〉。（《西河集》卷六十一）。

　　△董瑒請蕺山高第弟子張奠夫、徐澤蘊、趙禹功等復證人書院講會於

〔註35〕同註15，卷一云：「秋濤案：西河是年由廬陵北游少室，五年復還湖西居一載，以愚山將移治，辭之崇仁，復之汝寧，留三年，凡所稱游淮四者，謂汝寧也。」頁33。

紹興古小學，敷揚程、朱、王、劉家法，黃梨洲，蔣大鴻、毛西河
皆攜弟子來會。邵廷采亦參與其中。（邵廷采《思復堂文集》卷三〈東
池董無休先生傳〉）。

清聖祖康熙七年，戊申（1668），四十六歲。

△作七言古詩題云：「戊申三月旅亭夜讀東原宗元鼎所著《新柳堂集》
中有三詩專賦予瀨中事，觸境生感，因爲長句寄去，隨筆無敘。」（《西
河集》卷一百六十七）。

△六月初吉，邵廷采見西河於古小學抗言高論、出入百子、融貫諸儒，
於是心儀而目注之。（《思復堂文集》卷七〈謁毛西河先生書〉）。

△秋，西河從江上謁周氏，周氏出畫冊命讀，作〈讀畫樓藏畫記〉。（《西
河集》卷六十二）。

△十月，游巴城，作〈題秉鑑圖〉。（《西河集》卷五十九）。

△遊睢州，已復歸淮西。（《閻潛邱先生年譜》卷一）〔註36〕

清聖祖康熙八年，己酉（1669），四十七歲。

△避人於淮西，會淮西金太守，並得見河南張先生。（《西河集》卷六
十二〈白龜圖記〉）。

△作〈書張司空傳後〉。（《西河集》卷六十一）。

△暫還城東里居，偶揀廢籃，發現《梅市倡和詩抄稿》。（《西文集》卷
六十一〈梅市倡和詩鈔稿書後〉）。

清聖祖康熙九年，庚戌（1670），四十八歲。

△童煒歸里，與西河邂逅於淮西客舍，出其所爲文，乞序，西河作〈童
煒行稿序〉。此年，西河又有〈新刻聖訓演說序〉。（《西河集》卷三
十一、卷三十九）。

△六月，作〈重建息縣儒學大成殿碑記〉。（《西河集》卷六十二）。

△秋，再遊汝南，息縣名士曹鑄、王復旦各遺書來請，爲縣丞作廳事
記，有〈息縣丞廳壁勒石記〉。（《西河集》卷六十二）。

清聖祖康熙十年，辛亥（1671），四十九歲。

〔註36〕同註15，卷一云：「秋濤案：西河至睢州爲湯文正公（潛庵）母夫人作〈崇祀
祠記〉，明年還浙，九年復游淮西，爲張仲誠作〈白龜圖記〉，既而客息縣。」
頁35。

△復游淮安，至癸丑冬始還蕭山。(《閻潛邱先生年譜》卷一)。〔註37〕

清聖祖康熙十一年，壬子（1672），五十歲。

△六月二十七日，作〈皇清劫封禮科都給事中前工部郎中姜公誄文〉。（《西河集》卷一百三十）。

△秋，遇羅坤蔣侯祠下，作〈題羅坤所藏呂潛山水冊子〉。（《西河集》卷五十九）。

△撰〈會稽縣志總論序〉。（《西河集》卷二十九）。

清聖祖康熙十二年，癸丑（1673），五十一歲。

△冬，還蕭山。（《閻潛邱先生年譜》卷一）。

△撰〈長巷沈氏族譜序〉。（《西河集》卷二十九）。

清聖祖康熙十三年，甲寅（1674），五十二歲。

△作七言古詩〈甲寅九月廿七日，同任青嵒、張自修訪放葬蛤庵兩和上，復過楊雲士齋看菊漫賦〉。（《西河集》卷一百六十六）。

△邵念魯在董重山處見《毛奇齡文集》，驚其雄博。（《邵念魯年譜》頁41）。

清聖祖康熙十四年，乙卯（1675），五十三歲。

△游閩之晉安，遇文山於道山亭下。（《西河集》卷三十九〈家明府文山兄七十壽序〉）。

△客汝寧。（《閻潛邱先生年譜》卷一）。

清聖祖康熙十六年，丁巳（1677），年五十五歲。

△二月三日，塡〈桂枝香〉。（《西河集》卷一百三十六）。

△三月十三日，過上海。五月，作〈觀音亭送子記〉。（《西河集》卷六十五）

清聖祖康熙十七年，戊午（1678），五十六歲。

△元月，康熙詔舉博學鴻儒。以振起文運，闡發經史，潤色詞章，以備顧問著作之選。於是大學士李霨等，薦原任副使道曹溶等七十七人。（《康熙實錄》卷七十一）。

〔註37〕同註15，卷一云：「秋濤案：以西河所作〈袁監州七十序〉推之，知此年復至淮安也。十二年冬歸里，十四年復客汝寧，十六年游上海，十七年應徵入京，從淮城下過，未信宿也。」頁36。

△分巡寧紹台道許弘勳力薦西河於兩浙撫軍陳公及布政使李公，凡十一郡，合數百人，僅遴取六人，西河與焉。（〈墓誌銘〉）。

△作三〈辭徵檄揭子〉。（《西河集》卷十）。

△作五言律詩，題「康熙十七年，予以不學，謬膺薦辟，三辭不允，兩浙開府陳中丞竟投檄舍下，勒攜赴部，勉強應命，感而有作。」（《西河集》卷一百七十三）。

△徵車入京，從淮城下過，駐馬流涕，填〈少年遊〉二首。（《西河集》卷一百三十五）。

△九月十日，作排律〈遙同淮上諸公九日遊裕親王園林登高限韻得徒字〉。（《西河集》卷一百五十四）。

△九月，賦七言排律十六韻，感謝李學士（天馥）接見，並屢召讌集。（《西河集》卷一百八十四）。

△十月，作七言律詩二首，題云：「康熙十七年十月一日，大學士索額圖、明珠，奉上諭，各大臣題薦才學官人，除現任員外，著戶部帖給俸廩，幷薪炭銀兩按月稽領，感賦二首。」（《西河集》卷一百七十九）。

△作七言古詩〈上高陽相公詩〉，感謝高陽相公（李霨）檢閱舊文，並加以獎掖。（《西河集》卷一百六十五）。

△和閻牛叟之〈兌闈〉十闋，並有序。（《閻潛邱先生年譜》卷二）。
〔註38〕

清聖祖康熙十八年，己未（1679），五十七歲。

△三月初一，試薦舉博學鴻儒一百四十三人於體仁閣，試題爲璿璣玉衡賦及省耕詩五言排律二十韻，西河以二等錄取。（《康熙實錄》卷八十）。

△五月，授西河爲檢討。（同上，卷八十一）。

△十二月，徐元文疏言，會同薦舉考授翰林院編修彭孫遹等五十員，分纂《明史》（且上，卷八十七）。

△十二月三十，和大學士李霨五言律詩，題云：「謬和高陽夫子除夕草制原韻，辱蒙賜詩，仍用前韻，詞過獎誘，因復依韻奉呈二首，時己未臘月三十日。」（《西河集》卷一百七十二）。

〔註38〕同註15，卷二云：「秋濤案：〈兌闈〉十闋乃牛叟先生（閻若璩之父）悼亡之作，此獨以爲悼伉儷之好之詞，殊不可解。」頁17～18。

清聖祖康熙十九年，庚申（1680），五十八歲。

△作〈故明兵部車駕司郎中黃君墓表〉。（《西河集》卷八十八）。

清聖祖康熙二十年，辛酉（1681），五十九歲。

△二月十九，作〈恭送仁孝、孝昭兩皇后哀詞〉，及〈敬製仁孝皇后、
孝昭皇后輓歌詞〉十四章。（《西河集》卷一百五十三、一百四十三）。

△作〈湯泉賦〉，（《西河集》卷一百二十六）。

△應施閏章之囑，作〈重建宣城徐烈婦祠碑記〉。（《西河集》卷六十七）。

△作〈平滇頌〉及〈歷代樂章配音樂議〉、〈增定樂章議〉。（《西河集》
卷一、卷六、卷七）。

△十二月，和馮溥七律，題云：「辛酉臘月，奉陪益都夫子長椿寺飯僧
說法，即和夫子首倡原韻，兼示彌堅和尚。」（《西河集》卷一百八
十一）。

清居祖康熙二十一年，壬戌（1682），六十歲。

△作〈送汪翰林（楫）奉使琉球，冊封中山王公餞詩序〉。（《西河集》
卷四十）。

△八月五日，作〈公餞益都夫子于萬柳堂，賦別倡和詩序〉。（《西河集》
卷三十六）。

△十月二十日，作〈曼殊回生記〉。（《西河集》卷六十七）。

清聖祖康熙二十二年，癸亥（1683），六十一歲。

△作〈笑隱菴碑記〉。（《西河集》卷六十九）。

清聖祖康熙二十三年，甲子（1684），六十二歲。

△二月，康熙諭翰林院掌院學士牛紐、孫在豐。要求翰林院當以品行
文章爲事，杜絕一切交際禮文。（《康熙實錄》卷一百十四）。

△作〈創建羊山石佛寺大悲殿碑記〉。（《西河集》卷六十七）。

△有〈擬爲司賓答問辭〉及〈封禪巡狩不相襲議〉、〈館擬甲子科湖廣
鄉試錄序〉。（《西河集》卷三、卷七、卷四十五）。

△刊行《古今通韻》，徐乾學爲之序。（《憺園文集》卷二十一）。

清聖祖康熙二十四年，乙丑（1685），六十三歲。

△二月，康熙要求翰林院須嫻習文學，淹貫經史，是以親試翰林院各
官，分別次第，以示勸懲。（《康熙實錄》卷一百十九）。

△三月三日，奏進韻書事。(《西河集》卷五)。

△有〈擬不許武官起復議〉及〈擬北郊配位尊西向議〉。(《西河集》卷
七)。

△充會試同考官，閱〈春秋〉房卷。(〈墓誌銘〉)。

△作排律，題云：「康熙乙丑，予奉使分校會闈，得士一十二人，竣事
恭紀兼呈同考諸公三十韻。」(《西河集》卷一百五十四)。

△作〈張芍房摩青集序〉。(《西河集》卷四十五)。

△五月二日，小妻曼殊卒，年二十四，作〈曼殊葬銘〉。(《西河集》卷
九十六)。

清聖祖康熙二十五年，丙寅（1686），六十四歲。

△以遷葬請假南歸，將選古今文，作《還町雜錄》。(參見〈墓誌銘〉
及《西河集》卷五十三〈唐七律選序〉)。

△謁大學士馮溥，作五言格詩，題云「康熙二十五年，予請急歸里，
自京門赴益都，特謁馮相公夫子，恭呈八章，每章六韻，共九十六
句。」(《西河集》卷一百八十五)。

清聖祖康熙二十六年，丁卯（1687），六十五歲。

△歸田後，訪奕公和尚於西湖笑隱庵。(《西河集》卷四十一〈重修笑
隱庵募簿序〉)。

△十二月，逢太皇太后上賓，有〈擬喪制以日易月議〉。(《西河集》卷
七)。

清聖祖康熙二十七年，戊辰（1688），六十六歲。

△十月，遇太皇太后上謚升祔，作〈聖思頌〉並序。(《西河集》卷一)。

△十月，由兩浙巡撫金鋐呈進《聖孝合錄事》。(《西河集》卷五)。

清聖祖康熙二十八年，己巳（1689），六十七歲。

△二月，康熙南巡，迎於嘉興城北，有五言〈紀恩詩〉。(《西河集》卷
一百八十九)。

△三月，撰〈西湖倡和詩序〉。(《西河集》卷四十一)。

△八月，有〈湘湖私築跨水橫塘補議〉。(《西河集》卷七)。

△作〈聽松樓讌集序〉及〈湘湖水利永禁私築勒石記〉。(《西河集》卷
四十一、卷七十)。

　　△生一子，唐倪璠贈名壹。(〈墓誌銘〉)。

清聖祖康熙二十九年，庚午(1690)，六十八歲。

　　△五月作〈通玄觀崔府君祠禱嗣記〉。(《西河集》卷六十八)。

　　△贈郡使李公五言格詩，題云「康熙二十九年，越郡大水，蒙郡使李
　　　公盡力疏救，稍得安堵，贈以詩」。(《西河集》卷一百八十七)。

清聖祖康熙三十年，辛未(1691)，六十九歲。

　　△歸舊廬，聞鄉人有得王叔盧《擬元詞兩劇稿》，急遣人購至，並爲其
　　　序。(《西河集》卷五十五〈擬元兩劇序〉)。

　　△十月，作〈兩浙布政司政事堂歌咏勒石記〉。(《西河集》卷六十九)。

清聖祖康熙三十一年，壬申(1692)，七十歲。

　　△五月十五日，奏恭進樂書事。(《西河集》卷五)。

　　△作〈山東皋詩集序〉及〈兩浙公建育嬰堂碑記〉、〈趙使君補山閣勒
　　　石記〉。(《西河集》卷四十、卷六十九)。

　　△子毛壹死。(〈墓誌銘〉)。

　　△自爲〈墓誌銘〉辭世。(《毛西河先生全集‧總目》卷首，頁43)。

清聖祖康熙三十二年，癸酉(1693)，七十一歲。

　　△作〈與閻潛邱論尙書疏證書〉。(《閻潛邱先生年譜》卷三)。

清聖祖康熙三十三年，甲戌(1694)，七十二歲。

　　△作〈兩浙提督學政翰林院檢討顏君試士碑記〉。(《西河集》卷七十)。

清聖祖康熙三十四年，乙亥(1695)，七十三歲。

　　△醫痺於杭州，遇洪昇於錢湖之濱，昇出示其院本請序。作〈長生殿
　　　院本序〉。(《西河集》卷四十七)。

清聖祖康熙三十五年，丙子(1696)，七十四歲。

　　△三月，以《駁太極圖》、《駁河圖洛書》二種寄贈李塨。(《李恕谷先
　　　生年譜》卷二)。

　　△五月，作〈顏母朱太宜人八十壽序〉。(《西河集》卷四十九)。

　　△噶爾丹敗死，六月十五日，作〈聖德神功頌〉。(《西河集》卷二)。

　　△作〈皇華使館瞻御書記〉。(《西河集》卷六十九)。

清聖祖康熙三十六年，丁丑(1697)，七十五歲。

　　△閏三月，作〈折客辨學文〉。(《西河集》卷一百二十)。

△多至，臥病杭州客堂，有〈客堂多夜說經記〉。(《西河集》卷七十一)。

△十一月，李塨交西河、王復禮、姚際恒。十二月，問樂於西河，西河則贈所著禮樂經史諸書，共二十七種。(《李恕谷先生年譜》卷二)。

△有〈重劇楊椒山集序〉，及〈安郡王詩集序〉。(《西河集》卷四十八、卷四十九)。

清聖祖康熙三十七年，戊寅（1698），七十六歲。

△元月，李塨至杭，以所學樂請教，並求作〈孝愨墓表〉，後西河寄信加以讚賞。(《李恕谷先生年譜》卷三)。

△二月，李塨乃投受業刺于西河，以學樂粗就：因問樂、問《易》、問韻。(《李恕谷先生年譜》卷三)。

△作〈沈氏放生池碑記〉。(《西河集》卷七十)。

清聖祖康熙三十八年，己卯（1699），七十七歲。

△元月，李塨如杭別西河，質樂律、田賦諸學，思《定聲錄》尚有疑義。而西河則有〈寄閻潛邱古文尚書冤詞書〉，附李塨寄去。(《李恕谷先生年譜》卷三)。

△康熙南巡，迎駕於嘉興，以《樂本解說》進，康熙頒諭獎勞，幷敕改刻本訛字而宣付專行。(《西河先生傳》)。

△邵廷采在杭州，投刺西河先生之門求見，謁書自稱門下。廷采別後則有〈候毛西河先生書〉。(《邵念魯年譜》頁 104，並參見《思復堂文集》卷七)。

△十月，朱彝尊輯《經義考》三百卷成，其後西河爲之撰序。(《朱竹垞先生年譜》)。

△爲王氏撰〈新篆蘭亭孤山二志序〉。(《西河集》卷五十)。

△輯成《西河全集》。(《毛西河先生全集·總目》卷首，門人李庚星附識，頁 43)。

清聖祖康熙三十九年，庚辰（1700），七十八歲。

△李塨入京會試，西河寄《春秋毛氏傳》至。李塨修書西河，論及與閻百詩論辨《古文尚書》之情況，認爲《尚書冤詞》辨博而確眞，可杜惑者之口，並問是否要駁正詆三禮者。(《李恕谷先生年譜》卷三)。

△六月，修書李塨，安慰其會試不中，言及姚際恒作《僞周禮論》，祕

而不示，僅能觀其總論，就其所辨者辨之，作〈周禮問〉。(《李恕谷先生年譜》卷三)。

△八月十九，因六月不雨，應杭人之請，作〈方示神應記〉。(《西河集》卷七十)。

△李塨上西河書，錄〈六律正五音圖〉求正，並問郊社及經義。西河答書，盛稱李塨英雋，曠世一人，並言已鐫《學樂》二卷入《西河合集》內。(《李恕谷先生年譜》卷三)。

△作〈都轉運鹽司李公賜御書記〉。(《西河集》卷七十)。

清聖祖康熙四十年，辛巳 (1701)，七十九歲。

△李塨作〈西河全集敘〉。(《李恕谷先生年譜》卷三)。

△而〈重修示農亭合賦冊序〉。並為〈家會侯選本詩序〉及朱彝尊〈經義考序〉。而秋節渡江省西陵墓田，許巨山來訪，出其近年所為詩屬序，有〈翠柏集序〉。(《西河集》卷五十二、卷五十三)。

△作〈重修臨安縣學明倫堂碑記〉。(《西河集》卷六十九)。

清聖祖康熙四十一年，壬午 (1702)，八十歲。

△遘大疾幾死，病癒，重新檢校王叔盧《擬元詞兩劇稿》，為之補綴刊行，並作〈擬元兩劇序〉。(《西河集》卷五十五)。

△作〈中洲和尚黃山賦詩序〉。〈石艇詩集序〉。(《西河集》卷五十四、卷五十七)。

清聖祖康熙四十二年，癸未 (1703)，八十一歲。

△康熙三巡至浙，西河謁行在，康熙加以慰勞，命起立勿跪，並賜御書一道，皇太子亦賜書，幷屏聯一副，而國舅一等公佟公寄所註《周易》二十卷，請西河訂定。諸王宗室輔國將軍遣扈從滿洲給事中蘇爾昌到家索書，並出西河所著《春秋傳》，問數條而去。(〈西河先生傳〉)。

△作〈行在東朝並賜御書睿筆記〉。(《西河集》卷七十一)。

△五月，作〈新建黃山雲谷寺蘗菴和尚塔院碑記〉，(《西河集》卷七十二)。

△修書李塨，感謝規過，認為自己個性太急，當論辨得失，恐其說不張，往往倍加氣力，此為學問不足處。並言及胡渭、閻百詩、朱彝

尊合攻《古文尚書》，西河當眾揶揄之，使其退去之事。(《李恕谷先生年譜》卷三)。

清聖祖康熙四十三年，甲申（1704），八十二歲。

　　△修書答李塨問樂舞，詳辨精核，李塨把玩甚喜。(《李恕谷先生年譜》卷三)。

　　△有〈東皐詩集序〉及〈平澹人德配陶夫人七十序〉。(《西河集》卷五十五、卷五十六)。

清聖祖康熙四十四年，乙酉（1705），八十三歲。

　　△東歸草堂。(《毛西河先生全集‧總目》卷首，頁 43)。

清聖祖康熙四十五年，丙戌（1706），八十四歲。

　　△元月，修書勉李塨學禮樂，李塨答以學樂書已成六卷，學禮則郊禘祫、宗廟、田賦、士相見、冠昏喪祭各有論著，並以《大學辨業》寄呈。(《李恕谷先生年譜》卷四)。

　　△得胡渭《易圖明辨》，有所條論。(《胡朏明年譜》，頁 29)。

清聖祖康熙四十七年，戊子（1708），八十六歲。

　　△春，作〈吳江泊蘆菴碑記〉。(《西河集》卷六十六)。

　　△十一月，友沈禹錫卒，作〈沈七傳〉。(《西河集》卷七十九)。

　　△編《四書改錯》。(錢穆《中國近三百年學術史》「附表」，頁 43)。

　　△有〈請罷修三江閘議〉。(《西河集》卷八)。

清聖祖康熙五十年，辛卯（1711），八十九歲。

　　△有〈請定勳賢祠產典守公議〉。(《西河集》卷八)。

清聖祖康熙五十一年，壬辰（1712），九十歲。

　　△聞朱子配享，自斧《四書改錯》之版。(《中國近三百年學術史》「附表」，頁 4)。

　　△友包秉德死，作〈徵士包二先生傳〉。(《西河集》卷七十九)。

清聖祖康熙五十五年，丙申（1716），九十四歲。

　　△西河卒。年九十四。(《清儒學案》卷二十五、《中國近三百年學術史》「附表」，頁 45 並同》)。

第二章 毛西河《春秋》學之撰述背景及目的

第一節 產生之背景

一、滿清之入主中原

　　西元一六四四年，滿清入關建國，對於明末學者有嚴重之衝擊，亡國之痛，以及對異族統治的排斥，使學者對當時學風展開反省。但西河〈墓誌銘〉中，西河對於自身流離的傷痛，卻是遠過於亡國的悲哀。由前文生平之敘述，已可知曉。然而時勢之變遷，實無可置身其外，西河經明亡而廢舉業，隨著清朝政權的鞏固，以及偃武修文的轉變，在人生際遇中，由流亡生活，進而立身廟堂，其間不啻雲壤，而在學術上，西河也呈顯調整之步驟。如寓京時期曾作〈北郊配位尊西向議〉，頗為聞名，盛唐〈西河先生傳〉載其事由云：

> 時翰林官亦多有兩端相齟齬者，特覘上無改意，而欲仍舊制，則又無說以為解，閣學李公時已進少宰，特請召先生（西河）曰如何？
> （卷首，頁 21）

西河揣摩上意而進其議，不免令人有格調頗低之感，但此議卻為時人所尊崇。事實上，因為新朝成立，禮制新創，西河長於禮樂，[註1]穿貫經史，正可提供典制依據，故可展現長才，而為清廷所重視。如康熙曾於午門宣示羣臣「經

〔註1〕 馮辰纂《李恕谷先生年譜》卷三，李塨言：「……海內惟毛河右知禮樂，萬季野明于禮文，向問之，不厭反覆。」頁25。

一，圍三，隔八相生之法。」西河承此作《聖諭樂本解說》二卷，並於康熙三十八年聖祖南巡時奏進，[註2]得聖祖頒諭獎勞，由此可見西河考據之目的爲何？所以西河自歸田之後，專力於研經論史，但〈墓誌銘〉卻認爲「遭逢聖明，未著實用」[註3]言下之意頗爲感慨，於此，皆可見西河欲邀上寵之學術性格。

而自宋儒以來，研治《春秋》常用以論政，石祖徠〈泰山書院記〉引述孫復之言云：

> 先生嘗以謂盡孔子之心者《大易》，盡孔子之用者《春秋》，是二大
> 經，聖人之極筆也，治世之大法也。[註4]

近人宋鼎宗《春秋宋學發微》承此指出：「宋儒之治經學者，談義理者則言《易》，論政治者則說《春秋》。」[註5]西河對此亦有所察覺，〈來元成春秋志在序〉批評《胡傳》云：

> 夫胡氏者，以私意而窺《春秋》之微者也。其意深，其詞激，其爲
> 文有憂患，主于悟君而論世，以維持于所謂名實也者。[註6]

可知西河對於宋儒以《春秋》維持名實之方式，並非茫無所知，但西河對此予以質疑，認爲不免有因爲誤解《春秋》而貽誤後代者。如《春秋毛氏傳》昭二十七年經「夏，四月，吳弒其君僚。」下舉明景泰帝傳位沂王，乃是誤

[註2] 李天馥〈西河合集領詞〉云：「皇上御門有經一、圍三、隔八相生之諭。而西河復敷揚皇言，作爲《定聲錄》，以較定律呂，皇上于南巡之次，特遣閣臣宣至行在，慰勞之，而使之頒行，此尤與一代禮樂有相關者。」《毛西河先生全集·領詞》卷首，頁4～5。李天馥爲文淵閣大學士，爲朝廷重臣，而對於西河尤其重視其興發禮樂之著作。但李氏舉《定聲錄》卻未確。西河著《西河集》卷一百一〈墓誌銘〉云：「上復南巡，于行在，進已刻《樂本解說》二卷。」收入影印本《四庫全書》第一三二一冊，頁134。盛唐〈西河先生傳〉云：「上解樂律，于康熙三十二年曾御午門，示羣臣以經一、圍三、隔八相生之法……（西河）至是感上意，且痛古樂之亡，遂極意搜討，作《聖諭樂本解說》二卷、《皇言定聲錄》八卷，未上也。至三十八年上復南巡，于行在進《樂本解說》刻本一帖，大學士張公傳先生至行在朝門，頒諭獎勞，幷敕改刻本訛字而宣付專行。」《毛西河先生全集》卷首，頁26，所以西河所進應爲《聖諭樂本解說》。

[註3] 西河著《西河集》卷一百一〈墓誌銘〉云：「予出處未明，不能于朝廷有所報稱，徒抱經術，幸遭逢聖明，而未著實用，致空言無補，于心疚焉。」收入影印本《四庫全書》第一三二一冊，頁137。

[註4] 見石介撰《石祖徠集》卷之下〈泰山書院記〉，收入《叢書集成新編》第七三冊，頁673。

[註5] 見宋鼎宗著，《春秋宋學發微》，頁4。

[註6] 同註3，卷二十四〈來元成春秋志在序〉，收入影印本《四庫全書》第一三二〇冊，頁202～203。

據《胡傳》之說解，而加以辨正。〔註7〕除對此種援經論世、譏刺時政的方式加以糾正外，宋人《春秋》學所強調之義例，也有與清朝政權之權威相衝突者，如尊王攘夷思想。其實《左傳》已有抵禦外侮的概念，如閔元年傳云：「戎狄豺狼，不可厭也，諸夏親暱，不可弃也。」《公羊》成十五年傳也云：「故《春秋》內其國而外諸夏，內諸夏而外夷狄。」〔註8〕而《論語・憲問》也載孔子言：「微管仲，吾其披髮左衽矣。」來表彰管仲尊王攘夷之功，於此可見春秋時代已有尊王攘夷、固內排外之主張。而宋朝積弱不振，外患頻仍，先契丹，後女眞、蒙古，因此宋儒大力申明尊王攘夷的《春秋》大義，以救亡圖存。〔註9〕然對西河身處之時代而言，「尊王」固然沒有異議，但「攘夷」之概念則頗爲尷尬，於此，西河消解攘夷之義例。如《春秋毛氏傳》隱元年經：「三月，公及邾儀父盟于蔑。」下云：

> 胡氏又自爲制云：「中國之附庸例稱字，邾儀父、蕭叔是也。夷狄之附庸例稱名，邾犂來、介葛盧是也。」吾不知稱名、稱字，其分中國、夷狄者，出自何書，乃同一附庸，同一邾子之後，而忽分儀父、犂來爲中國、夷狄。學者註經，可自造族姓，自定封國，自判華夏，肆無忌憚，一至於此，豈不可怪。（卷二，頁13～14）。

又《春秋毛氏傳》莊五年經：「秋，郳黎來來朝。」下云：「胡氏謂夷狄之附庸稱名，則《春秋》無此例。」（卷九，頁9～10）皆駁夷狄例稱名之例。《春

〔註7〕　《春秋毛氏傳》卷三十二，昭二十七年經：「吳弑其君僚。」下云：「胡氏謂諸樊之國，遞致不受，則國宜之光而不宜予僚，故稱國以弑，而不歸獄于光。則直貰光矣。……有明景泰帝，旣正位號，則自宜易儲，其不幸而復辟者，偶然耳，此禮不明，遂有執吳光之說以懲忠肅者，因舉授之大法以幷正之。」頁10～11，吳子壽夢生四子，諸樊、餘祭、夷昧、季札。諸樊約定兄弟傳國來傳給季札，但夷昧死，季子不受，於是立夷昧之子僚，而公子光認爲自己是諸樊之子，旣然不傳季子，則當繼位爲王，於是使鱄設諸刺殺王僚。胡氏認爲《春秋》稱國以弑，所以王位應屬公子光。但西河據《禮記・禮運篇》所云：「大人世及以爲禮。」認爲世爲傳子，及爲傳弟，傳弟終則傳子，而弟傳兄子則爲變制，所以認爲公子光刺殺王僚是叛逆。胡氏說解則助長變制。《春秋條貫篇》卷一「宋、衛、鄭構難」一條，亦言及此事，言：「此可悟景泰帝不得禪位沂王之說。」頁16。
〔註8〕　《春秋左傳注疏》卷十一，閔元年傳：「齊侯曰：『戎狄豺狼，不可厭也。諸夏親暱，不可弃也。宴安酖毒，不可懷也。』」頁187，《春秋公羊傳注疏》卷十八，成十五年傳：「《春秋》內其國而外諸夏，內諸夏而外夷狄。」頁231。
〔註9〕　同註5，見第五章〈宋儒春秋尊王說〉及第六章〈宋儒春秋攘夷說〉，頁127～186。

秋毛氏傳》僖二十七年經:「春,杞子來朝。」下,西河駁用夷禮貶爵例（卷十六,頁 14～15）。此外,西河亦反對將楚視爲夷狄之說法。《春秋毛氏傳》襄二十五年經:「蔡殺其大夫,公子爕、蔡公子履出奔楚。」下,西河認爲《春秋》之旨以民心爲從違,不以霸力分向背,反對貶楚爲夷之概念。（卷二十七,頁 7～8）《春秋屬辭比事紀》卷三,文七年經:「夏,狄侵我西鄙。」下云:

秦、楚、吳、越皆春秋五等之爵,並非夷狄。（頁 9）。

可見西河否定執夷狄一例之說解,故門人述西河《春秋》學云:

先生條貫經文,連串始末,且直抉《春秋》禮經,幷《春秋》策書爲據,于二百四十二年間,立禮志二十二門,定爲史記事實一千八百零條,而後《春秋》有眞經、眞事實、眞義例,有眞面目,不斷爛,不攘夷、崇霸,不尊晉,不斥楚。〔註10〕

西河強調《春秋》爲「史記事實」,貶低所謂微言大義、譏刺時政的說法,並否定攘夷之概念,與西河身處異族統治多忌諱的時代背景相吻合,衡諸西河學術性格,當非無端而發。盛唐〈西河先生傳〉云:

上三巡至浙,先生謁行在。上見慰勞,命先生起立勿跪,且賜御書一道,時皇太子隨駕來,亦賜睿書一道,幷屛聯一副,會國舅一等公佟公寄所註《周易》二十卷;請先生訂定,而諸王宗室輔國將軍遣扈從滿洲給事中蘇爾昌,到家索書,且出先生所著《春秋傳》問數條去。（卷首,頁 29）。

可見西河《春秋傳》早爲朝廷所搜羅。而西河所倡之《春秋》學說,已爲朝廷所接受。

二、經學之復興

皮錫瑞《經學歷史》云:「經學至明爲極衰時代。」所以以「經學積衰時代」來稱呼明代的經學,並歸納其原因,乃是由於明代科舉以《五經大全》爲範本,使讀書人專意於此,而不睹古義。〔註11〕但時代風氣之形成,其肇因當不僅一端,如心學末流,滋生流弊,也是原因之一,顧亭林〈答友人論學書〉云:

世之君子,苦博學明善之難,而樂夫一超頓悟之易,滔滔者,天下

─────────────

〔註10〕見《毛西河先全集・經例》,頁 6。
〔註11〕見皮錫瑞著,《經學歷史》第九章〈經學積衰時代〉,頁 317。

皆是也。〔註12〕

對於當時之風氣已表不滿。稍後李塨〈書明劉戶郎墓表後〉更全面的論及云：

> 高者談性天，纂語錄，卑者疲精斃神於八股，不惟聖道之禮樂兵農
>
> 不務，即當世刑名錢穀，懜然罔識，而搁管呻吟，遂曰有學。〔註13〕

李塨指出科舉與心性之學爲當時風氣敗壞之由，是否如此，自然尙待進一步之檢討，但明末清初之學者，多半持有此見。〔註14〕並針對這些缺失加以糾正，顧炎武〈與施愚山書〉云：「古之所謂理學，經學也。」〔註15〕全祖望〈亭林先生神道表〉歸納亭林之主張云：

> 謂古今安得別有所謂理學者，經學即理學也。自有舍經學以言理學
>
> 者而邪說以起，不知舍經學，則其所謂理學者，禪學也。〔註16〕

亭林視理學爲經學，強調回歸經典本身，極力提倡研經。對於經學之衰極而興頗有助益，皮錫瑞《經學歷史》形容清初經學之狀況云：

> 剝極生復，貞下起元，至國朝，經學昌明，乃再盛而駸駸復古。
>
> 〔註17〕

對於這種學風，林師慶彰《清初的羣經辨僞學》據孔恩（Thomas Kuhn）典範論的概念，稱爲回歸原典運動。〔註18〕而西河正處這種學風中，〈擬元兩劇序〉自述云：

> 予痛經晦蝕，日疏衍不暇，且悔幼嘗爲詞損正學。〔註19〕

〔註12〕見顧炎武著，《亭林文集》卷六〈答友人論學書〉，頁9。

〔註13〕見李塨著，《恕谷後集》卷九〈書明劉户郎墓表後〉收入《叢書集成新編》第七六冊，頁686。

〔註14〕湯志鈞著，《近代經學與政治》第二章〈漢學的復興〉云：「顧炎武將形成明末學風空疏的原由歸結爲兩點：其一，是八股取士的科舉制度；其二，是空談心、性的理學。」頁41。又清費密撰，《弘道書》卷上〈道脈譜論〉云：「永樂得位，專用朱熹之說，始不遵祖訓，仍宋舊本作《四書五經大全》，命科舉以爲程式，古注疏亦未嘗有詔禁止，生徒恐畏趨時，專習宋傳，性理浮說盛行，遞相祖受，古義盡廢，七十子所遺漢唐相傳共守之實學殆絕。」頁20，皆可見清初學者常將明代風氣隤壞，歸因於科舉與性理之說。

〔註15〕同註12，頁卷三〈與施愚山書〉，頁10。

〔註16〕見全祖望著，《鮚埼亭集》卷十二〈亭林先生神道表〉，頁144。

〔註17〕同註11，頁317～318。

〔註18〕詳見林師慶彰著，《清初的羣經辨僞學》第二章〈清初辨僞風氣的興起〉，頁39～51。「典範論」詳見孔恩著，王道還編譯，《科學革命的結構》。

〔註19〕同註3，見卷五十五〈擬元兩劇序〉收入影印本《四庫全書》第一三二○冊，頁484～485。

〈淮安袁監州七十壽序〉云：

> 自六十歸田後，悔經學未摅，杜門闇《書》、《易》、《論語》、《大學》
> 及三《禮》、《春秋》。曰：「晚矣。」惟懼不卒業。〔註20〕

皆可見西河歸田之後專力經學的情況。蔡冠洛《清代七百名人傳》即稱西河
淹貫羣書，「著述之富，甲于近代。」〔註21〕但盛唐〈西河先生傳〉卻載西河
對於這種成績仍不滿意，云：

> 先生特重經學，嘗以老疾不能全註《書》、《禮》及《論語》、《中庸》
> 爲恨。（卷首，頁 28）。

可見西河乃是企圖全面研究經典，並且嘗試歸納其中的規範，《毛西河先生全
集·經例》中，輯述其說有十六則：

> 一、勿杜撰。
>
> 二、勿武斷。
>
> 三、勿誤作解說。
>
> 四、勿誤章句。
>
> 五、勿誤說人倫序。
>
> 六、勿因經誤以誤經。
>
> 七、勿自誤誤經。
>
> 八、勿因人之誤以誤經。
>
> 九、勿改經以誤經。
>
> 一〇、勿誣經。
>
> 一一、勿借經。
>
> 一二、勿自造經。
>
> 一三、勿以誤解經之故，而復回護以害經。
>
> 一四、勿依違附經。
>
> 一五、勿自執一理以繩經。
>
> 一六、勿說一經礙一經。（卷首，頁 6～9）。

都是禁制語句，顯示批判及規範的意涵，除提出修正宋明說經方式之意見外，
（如第十五條）也表現西河重視經典之態度，強調經文有獨立之價值，反對

〔註20〕同註3，見卷五十二〈淮安袁監州七十壽序〉收入影印本《四庫全書》第一三
二〇冊，頁 451。

〔註21〕見蔡冠洛著，《清代七百名人傳》第四編〈學術·樸學〉，頁 1566。

因爲個人理解之衍伸，而妨礙經文本身所具之內涵。總括而言，其內容與之後的乾嘉學派考據精神相契合，足見其具有開創風氣之功。而其批判之態度，也展現於《春秋》學中。如最後「勿說一經礙一經」所表現諸經會通的精神，強調以經解經，而於《春秋》學之說解中，便以《春秋》解《易》，以《春秋》說《禮》來展現諸經會通。但對經典的過分崇信，是否又造成另一錮閉的規範，而後代之理解本就有開放之向度，經典隨不同的時代背景，不同的人物，其「前理解」（preunderstanding）不同，當然便有不同的詮釋。〔註22〕但西河對此並無察覺，而全力塑造經典的權威地位，對於清代經學復興，確有推波助瀾之功。但對前人，尤其是宋儒，則不免批評太過。而就西河本身之注解而言，卻也未必盡符所提的規範，全祖望〈蕭山毛檢討別傳〉便列舉九項缺失加以批評：

1. 有造爲典故以欺人者：如謂《大學》、《中庸》，在唐時已與《論》、《孟》並列於小經。

2. 有造爲師承以示人有本者：如所引《釋文》舊本，攷之宋槧《釋文》，亦捏（《清儒學案》引作「並」，疑涉下而誤。）無有，蓋捏造也。

3. 有前人之誤已經辨正，而尚襲其誤而不知者：如邯鄲淳寫魏石經，洪盤洲、胡梅磵已辨之，而反造爲陳壽《魏志》原有邯鄲寫經文。

4. 有信口臆說者：如謂後唐曾立石經之類。

5. 有不攷古而妄言者：如熹平石經，《春秋》並無《左傳》，而以爲有《左傳》。

6. 有前人之言本有出，而妄斥爲無稽者：如〈伯牛有疾章〉，《集注》出於晉欒肇《論語駁》，而謂朱子自造，則幷《或問》、《語類》亦似未見者，此等甚多。

7. 有因一言之誤而誣其終身者：如胡文定公曾稱秦檜，而遂謂其父子俱附和議，則籍溪、致堂、五峯之大節，俱遭含沙之射矣。

8. 有貿然引證而不知其非者：如引「周公朝讀書百篇」，以爲《書》百篇

〔註22〕詳見殷鼎著，《理解的命運》第一章〈理性的命運〉，頁 25～33，加德默爾（Hans-Georg Gadamer）《真理與方法》分析「先見」或「偏見」，爲理解的起點，爲理解的必須條件，在哲學解釋學中，也稱作「前理解」或「前識」（Preunderstanding），其中至少包含語言、經驗、記憶、動機、意向等因素。強調任何新的理解產生前，已經存在有一種理解。所以理解在不同時空與個人，也就存在差異性，對於經典之詮釋，也是如此。

之證，周公及見〈囧命〉、〈甫刑〉耶？

9. 有改古書以就己者：如〈漢地理志〉回浦縣，乃今台州以東，而謂蕭
山之江口，且本非縣名，其謬如此。〔註23〕

其後全氏更推闡此說作《蕭山毛氏糾謬》十卷，以批駁西河。但事實上，全氏乃是後出轉精，西河開風氣之先，反而不見自身瑕疵，此為學風發展歷程的常態，阮元〈毛西河檢討全集後序〉云：

> 國朝經學盛興，檢討首出于東林、蕺山講學，標榜之餘，以經學自任，大聲疾呼，而一時之廢疾頓起。當是時，充宗起于浙東，朏明起于浙西，寧人、百詩起于江淮之間。檢討以博辨之才，睥睨一切，論不相下，而道實相成，迄今學者日益昌明，大江南北著書授徒之家數十，視檢討而精核者固多，謂非檢討開始之功則不可。（卷首，頁1）

阮元對清初學術動態的掌握較全面，因而對西河與清代經學復興之互動關係，闡述也較公允。所以對於西河由結社講學，轉而大力提倡經學，便強調其具有開創風氣之功。由此對西河身處之學術背景當有更清楚的認識。

第二節　撰述之目的

一、回復《春秋》經典之地位

明代經學衰微，其中《春秋》一經最為嚴重，《四庫提要》云：

> 明初定科舉之制，大略承元舊式，宗法程、朱，而程子《春秋傳》僅成二卷，闕略太甚，朱子亦無成書，以安國之學出程氏，張洽之學出朱氏，故《春秋》定用二家，蓋重其淵源，不必定以其書也。後洽傳漸不行用，遂獨用安國書，漸乃棄經不讀，惟以安國之傳為主，當時所謂經義者，實安國之傳義而已，故有明一代，《春秋》之學為最弊。馮夢龍〈春秋大全凡例〉有曰：「諸儒議論，儘有勝胡氏者，然業已尊胡，自難並收以亂耳目。」則風尚可知矣。〔註24〕

張洽有《春秋集注》十一卷，《綱領》一卷，明永樂纂修《大全》則只承襲汪

〔註23〕同註16，見外編卷十二〈蕭山毛檢討別傳〉，頁826～827。
〔註24〕見《四庫全書總目提要》卷六〈胡氏春秋傳提要〉，頁539。

克寬《春秋胡傳附錄纂疏》一書。〔註25〕因此張洽之書漸廢，明代研治《春秋》便專主《胡傳》一書，甚至經文也廢棄不讀。西河處清代經學復興之學風中，其《春秋》學之撰述目的，乃是希望矯正明代專研《胡傳》而廢棄經文的風尚。認爲應恢復《春秋》原文的經典地位，研經應訴諸經文之考究。於此，西河提出幾項意見：

（一）強調孔子之前已有《春秋》

《春秋》本爲魯史之名。〈胡氏傳序〉亦云：「《春秋》爲魯史爾。」但胡氏更強調《春秋》爲孔子筆削之「史外傳心之要典。」〔註26〕於是《春秋》成爲上究聖人心傳之要籍，成爲談心論性之依據，此爲援據經典的方式，本無可厚非。但西河強調孔子之前已有《春秋》，《春秋毛氏傳》云：

> 《春秋》立名，不始夫子，在夫子未修前早有是名，《傳》稱韓宣子來聘，觀《易象》、《春秋》，此在昭二年，夫子未修以前之文。而〈坊記〉謂《魯春秋》記晉喪曰：「殺其君之子奚齊，及其君卓。」其文在僖九年，夫子且未嘗生也。故《公羊》道聽塗說，亦云有未修時《春秋》，見莊七年傳，而魯史至西狩獲麟後，尚有二年，共二十六條，皆曰：「此《魯春秋》文也。」故《孟子》曰：「《詩》亡然後《春秋》作。」此夫子《春秋》也。「魯之《春秋》。」此《魯春秋》也。
>
> （卷一，頁1～2）

西河分別《魯春秋》及夫子之《春秋》爲二，其後又引前人注解，申明《春秋》爲周時史書之名，列國史記當同名《春秋》。〔註27〕所以《春秋》並非孔子一書的專名。西河又引見其兄仲齡之說，推論《春秋》之情況云：

> 若先仲氏又云：「《春秋》爲六經之一，三代以前早有之，至三代以後，則祇傳夫子一書，而前此《春秋》之書亡焉。」嘗訊其說，謂

〔註25〕顧炎武著，《日知錄》卷二十「四書五經大全」一條下云：「至《春秋大全》則全襲元人汪克寬《胡傳纂疏》，但改其中『愚按』二字謂『汪氏曰』，及添盧陵李氏等一二條而已。」頁525。

〔註26〕見胡安國著，《胡氏春秋傳》之〈春秋傳序〉，收入《四庫全書》第一五一冊，頁5。

〔註27〕《春秋毛氏傳》卷一云：「孔疏于〈杜氏序〉云：據周世法，則每國有史記，當同名《春秋》。又《公羊》引閔因敘云：『孔子使子夏等十四人，求周史記，得百二十國寶書以爲《春秋》。』則直以春秋一名爲周史與列國諸史所共有之名，不始夫子，並不始魯史也。」頁2。

> 古凡稱六藝，即六經也。即《易》、《書》、《詩》、《禮》、《樂》與《春
> 秋》也。其以此六藝爲教，謂之六教，《禮記‧經解》所謂《詩》教、
> 《書》教、《禮》教、《易》教與《春秋》教者，此夫子之言也。夫
> 子言古王之爲教本如是也。（卷一，頁3）

六藝之說有二，但西河反對《周禮》所云：「一曰五禮，二曰六樂，三曰五射，
四曰五馭，五曰六書，六曰九數。」〔註28〕之說法，而與《史記‧滑稽列傳》
所云相合。〔註29〕認爲六經即六藝，施之於教化，便稱六教，於此，《春秋毛
氏傳》云：

> 其以此六藝爲學，謂之六學，班氏〈藝文志〉云：《易》學如天，當
> 無時不學。而《詩》、《書》、《禮》、《樂》與《春秋》共五學，則如
> 天之有五行……故西漢劉歆輯內府古文《春秋》（「春秋」兩字疑衍）
> 名六藝略……故〈晉語〉司馬侯薦羊舌肸曰：「肸習于《春秋》。」
> 而〈楚語〉申叔時論教太子之法曰：「當教之以《春秋》。」此正以
> 六學爲六教。（卷一，頁2～3）

西河所引〈漢志〉與原文不甚相合，〔註30〕西河乃是化用其意，用來佐證六
藝爲六學，甚至可與天地五行相配合，其中又引《國語》證明六學即六教，
於是六經、六藝、六教、六學之概念皆可等同，並可與天地五行配合施行。
所以《春秋》爲古代施教本有之書。因此西河斷言曰：

> 在三代以來，原有是書（指《春秋》）與《尚書》並傳，而秦火以後，
> 但見此而不見彼，遂以夫子之《春秋》當六經之數，而不知前此之
> 爲《春秋》在春秋晉、楚間猶見之也。故先仲氏曰：「古之六經，則
> 古之《春秋》也，而其書亡焉。今之六經則夫子之《春秋》也，然
> 而《樂經》亡焉。」（卷一，頁3）

所謂與《尚書》並傳，乃是承〈漢志〉「左史記言，右史記事，事爲《春秋》，
言爲《尚書》」〔註31〕之說法。事實上，此爲東漢古文學派之見解，強調孔子

〔註28〕見《周禮注疏》卷十四〈保氏〉，頁212。

〔註29〕見瀧川龜太郎著，《史記會注考證》卷一百二十六〈滑稽列傳〉，頁1325。

〔註30〕班固著，《漢書》卷三十〈藝文志〉云：「五者，蓋五常之道，相須而備，而
《易》爲之原，故曰：『《易》不可見，則乾坤或幾乎息矣。』言與天地爲終
始也。至於五學，世有變改，猶五行之更用事焉。」頁1723。

〔註31〕同註30，卷三十〈藝文志〉云：「古之王者，世有史官，君舉必書，所以慎言
行，昭法式也。左史記言，右史記事，事爲《春秋》，言爲《尚書》，帝王靡
不同之。」頁1715。

述而不作之史家性格，而清代經學復興，一般所指之漢學，即是東漢古文學派，〔註 32〕於此也可見其端倪。而由於確立《春秋》早爲周代各國所本有，所以西河所謂之簡、策分書及二十二志之概念，才有立論依據，並使歷來研究《春秋》專注於探索孔子筆削大義之方式，轉而成爲考究《春秋》史事要義。而不必蔽障於揣知聖人「肚裏事」〔註 33〕之猜謎中。

（二）以《左傳》經文爲孔子所據之本經

西河據東漢古文學派之說法立論，所以對《左傳》遠較《公》、《穀》崇信，但西河《春秋毛氏傳》之經文是依《胡氏傳》，於此，西河於《春秋簡書刊誤》卷一加以更改，云：

> 予著《春秋傳》，念不及此，亦仍以胡氏所載爲聖經原本，而反標三傳諸字同異于其下。東陽李生紫翔者，著《春秋紀傳》，早已行世，及之官嶺表，疑予傳聖經之有未覈，屬王生虎文，問之及予，乃命猶子文輝，取三傳聖經之各異者，以簡書爲主，而各註所誤而標明之，名曰《刊誤》。（頁 2）

西河有〈東陽李紫翔詩集序〉，盛贊李紫翔爲有學之人。〔註 34〕由於李氏建議；西河更改《春秋毛氏傳》之經文，作《春秋簡書刊誤》。《四庫提要》評此書太過苛細。〔註 35〕但由此對於西河《春秋》學之主張，則更爲清楚。而所謂之「簡書」，乃是承襲簡、策分書之主張，認爲《春秋》爲簡書，《左傳》爲策書，《春秋簡書刊誤》云：

> 漢初行四家之學，有公羊、穀梁、鄒氏、夾氏。而鄒、夾無傳，祇公、穀二學早立于學官，而諸生傳之。顧兩家杜撰，目不見策書，徒以意解經，故經多誤字，而《公羊》且復以里音市語譠讀其間，其所存聖經已非舊矣。及《左傳》行世，則始知有簡書正文冠策書

〔註 32〕同註 14，第二章〈漢學的復興〉云：「由顧炎武復興清代漢學，一般通稱爲清代古文經學。……他斥魏晉而崇東漢，企圖把經學復于東漢。」頁 35～43。

〔註 33〕語自朱子。黎靖德編《朱子語類》卷八十三「人道《春秋》難曉，據某理會來，無難曉處。只是據他有這簡事在，據他載得恁地。但看今年有甚麼事，明年有甚麼事，禮樂征伐不知自天子出？自諸侯出？自大夫出？只是恁地。而今卻要去一字半字上理會襃貶，卻要去求聖人之意，你如何知得他肚裏事。」頁 2144。

〔註 34〕同註 3，見卷五十七〈東陽李紫翔詩集序〉收入影印本《四庫全書》第一三二〇冊，頁 500。

〔註 35〕同註 24，頁卷六〈春秋簡書刊誤提要〉，頁 582～583。

首。（卷一，頁1）

西河認爲《公》、《穀》雖早立於學官，但卻是以己意解經，所以經文有誤字，而《左傳》所附之經文，才是簡書原本，可見西河尊崇《左傳》，強調由《左傳》經文才能得見簡書正文，於此，《春秋簡書刊誤》云：

夫左氏之傳即是策書，左氏之經即是簡書，故夫子筆削祇襲魯國之簡書以爲本，即絕筆已後，猶有舊簡書一十七條見于《左傳》，則哀公十四年獲麟以前其爲眞簡書，而以之作夫子之聖經。《公羊》、《穀梁》俱無與也。（卷一，頁1）

西河對於《春秋》與《左傳》之關係，由簡、策分書加以說明，而《左傳》所附之經文，尚殘存孔子絕筆後之魯國簡書，所以西河認爲此爲眞簡書，而《公》、《穀》、《胡傳》多以己意解經，所附經文已經不是《春秋》簡書原本，《左傳》經文才是眞《春秋》，才是孔子所據以筆削之原本，所以回復《春秋》經典地位，乃是以《左傳》爲本。而《公》、《穀》則不在其列，至於簡、策書之定義，詳見第三章之論述。

（三）經文自有其義理

而回歸經典本身，必須確定經文有可考驗之義理，於此必須駁斥宋人所持《春秋》斷爛之說。〔註36〕而這可追溯西河於康熙二十四年閱《春秋》房卷與內監臨御史之爭論，西河認爲「經之簡書，必取丘明所傳之策書，就其事而條貫之。」強調經文有條貫之義理，宋人斷爛之說不可信，而藉《胡氏傳》以貫穿經文義理，更不足爲法。（《春秋條貫篇》卷一，頁 1～3）並因此擬出四例，作爲審辨經文之依據，立二十二志爲經文分類之門部。於此，皆是力返經典本身之考究，所以西河屢屢強調經文可互相考驗，得其事實。如《春秋毛氏傳》僖二十八年經：「公朝于王所。」西河言五月踐土之會，並未言周襄王親至踐土，然而此言「公朝于王所」，便可知襄王親至，是以言「經

〔註36〕《宋史》卷三二七〈王安石傳〉云：「（安石）黜《春秋》之書，不使列於學官，至戲目爲斷爛朝報。」頁 10550。朱彝尊著，《經義考》卷一百八十二〈孫覺春秋經解〉引周麟之跋曰：「初王荊公欲釋《春秋》以行於天下，而莘老之書已出。一見而有恚心，自知不復能出其右，遂詆聖經而廢之，曰：『此斷爛朝報也。』不列於學官，不用於貢舉，積諸有年。」頁3。但《經義考》卷一百八十一〈王安石左氏解〉引林希逸曰：「尹和靖言介甫未嘗廢《春秋》，廢《春秋》以爲斷爛朝報，皆後來無忌憚者託介甫之言也。」頁9。此事眞僞，難以考究，但後人卻常引「斷爛朝報」來批評《春秋》，認爲《春秋》沒有連貫之義理。

文之互可考驗如是。」（卷一七，頁 5）《春秋毛氏傳》宣元年經：「夏，季孫行父如齊。」下云：

> 宣公篡立未安，季文子既請婚于齊，至是又復納賂以請會，以齊惠、
> 魯宣皆弒君新立，相爲聲援，而齊大足恃，則魯又將托命焉。然而
> 君臣上下之罪不可問矣。其後公會齊侯于平州以定位，襄仲如齊以
> 拜成，而齊則竟取我濟西田以責其賂焉。經之不憚縷悉而次第以記
> 之，使見者就其事以求其義至于如此，誰謂《春秋》爲斷爛報乎？
> 　（卷二十，頁 2）

西河由宣元年經：「公子遂如齊逆女。」至「六月，齊人取濟西田。」之經文，得齊、魯交往之事，強調可求得史實明齊、魯交往之緣由。《春秋毛氏傳》襄十六年經：「叔老會鄭伯、晉荀偃、衛甯殖、宋人伐許。」下云：

> 蓋仲尼新意，必通觀經文，而後知之，經文一線，必有照顧，宋儒
> 謂斷爛朝報，此欲廢《春秋》之言，不足道也。（卷二十六，頁 13）

可見西河駁斥《春秋》斷爛之說，強調通觀經文而得其義理，《春秋條貫篇》即是以史實條貫經文之作，茲以「齊滅紀始末」爲例，爲便於理解西河之主張，不煩臚列如下：

一、九月紀履繻來逆女。

二、冬，十月，伯姬歸于紀。

三、紀子伯、莒子盟于密。

四、三年，冬，十有二月，齊侯、鄭伯盟于石門。

五、七年，春，王三月，叔姬歸于紀。

六、八年，九月，辛卯，公及莒人盟于浮來。

七、桓五年，夏，齊侯，鄭伯如紀。

八、六年，夏，四月，公會紀侯于郕。

九、冬，紀侯來朝。

一○、八年，祭公來遂逆王后于紀。

一一、九年，春，紀季姜歸于京師。

一二、十三年，春，二月，公會紀侯、鄭伯。己巳，及齊侯、宋公、衛侯、
　　　燕人戰。齊師、宋師、衛師、燕師敗績。

一三、十七年，春，正月，丙辰，公會齊侯、紀侯盟于黃。

一四、莊元年，冬，齊師遷紀邢鄑郚。

一五、三年，秋，紀季以酅入于齊。

一六、四年，三月，紀伯姬卒。

一七、夏，齊侯、陳侯、鄭伯遇于垂。

一八、紀侯大去其國。

一九、六月，乙丑，齊侯葬紀伯姬。

二十、十二年，春，王正月，紀叔姬歸于酅。

二一、二十九年，冬，十有二月，紀叔姬卒。

二二、三十年，八月，癸亥，葬紀叔姬。（卷一，頁 9～13）

西河標注有二十三條，但實際僅有二十二條，而由詳列始末，可知紀、魯有婚姻之好，因魯、莒有隙，紀子便謀爲調人，並透過魯國與王室結姻，皆因強齊在伺，所以多方謀援，其間也有敗齊師之勝，然終不敵齊國之兼併。西河於第二十條下云：

> 《春秋》書滅國三十，未有如紀之詳且盡者。蓋先王封國，豈容滅紀。況五等侯爵，所繫匪細，乃以強大肆惡，漫無顧忌，雖以天子之尊，宗國之重，而不能庇一親戚子女，眞有讀之而憤然興愍，然傷者（疑有缺字）。《春秋》開卷，特詳此一事，至歷三公，閱五十八年，合二十三條（應二十二），而咨嗟不已，必至紀叔姬卒，葬叔姬而後已，誰謂《春秋》斷爛也。（卷一，頁 12）

最後亦云：

> 予故曰：「經詳而傳略，簡書備而策書闕，傳斷爛、經不斷爛，非無謂也。」（卷一，頁 13）

其中西河標注策書不詳者有第四、十四、十五、十六、十七、十九、二十、二十二諸條。但由於一事穿貫，所以可推測事由，至於西河認爲策書闕略、斷爛、實因西河以經爲綱領，對經有而傳無，便認爲策書闕略，此爲觀點取向不同所致。而由此可證明西河看重《春秋》經文，再三申明經文有義理、不斷爛，可以考見事實，甚而有傳所不能詳備之處，因此應駁斥輕視《春秋》經文之習。

二、批駁《胡氏傳》

西河《春秋》學主要之批評對象爲《胡氏傳》，李塨〈春秋毛序傳序目〉言西河爲學云：

> 就三傳之中，取其事之與經合者曰傳，且別其傳之與史合者曰策書，

不特杜預、何休、賈逵、范甯受其區別，即《公羊》、《穀梁》，指斥
如蒯隸，必不使得與左氏策書互相溷亂，而至于唐後諸儒，則雖備
觀其說，而百無一合，大率棄置不不（疑衍）屑道，而胡氏一書反
三致意焉，以為是書者，固亂經之階而亡經之本也。（序目，頁 2）

為恢復夫子之《春秋》，對於當時取代《春秋》本經地位之《胡氏傳》，不得
不起而闢之。西河〈來元成春秋志在序〉云：

夫胡氏者……循法起例，而《春秋》之旨，蕩無存焉。然而學在是
矣。故夫胡氏之所學，亦《春秋》也。特夫子之所為《春秋》則終
未學也。〔註37〕

可見西河對《胡氏傳》並非闇無所知，一味批評，只是胡氏之學未必符合孔子
《春秋》原意，而在恢復原典的要求下，必須分別兩者之差異，甚至必須排除
胡氏所造成的障蔽，所以西河對於《胡氏傳》肆力批駁，歸納其要點如下：

（一）胡氏據《公》、《穀》立說，不符孔子意旨

西河認為孔子之《春秋》是據魯史而來，而《左傳》中雖有舖陳他國史
事之處，但仍可視為探究魯史之可靠資料，《春秋毛氏傳》云：

特其書（指《左傳》）則猶是魯史與晉、楚諸史，較之《公羊》、《穀
梁》道聽塗說，徒事變亂者，迴乎不同。（卷一，頁 9）

《春秋》三傳各有所長，〔註38〕西河如此批駁《公》、《穀》，其實並不公允，
但西河強調以史實解經之立場，經由比勘史事，擇取合於經文之史實，稱為
策書，來與簡書相參照，而《左傳》長於史事，因此西河也就揚《左》而抑
《公》、《穀》，否定《公》、《穀》傳經系統，但《胡氏傳》卻常承襲《公》、《穀》
之見解，西河對此予以批評，認為《胡氏傳》不上承夫子之意，反而近襲《公
羊》、《穀梁》晚起說法，在傳經系統中，已有舛誤。所以西河說解《春秋》
時，常駁斥《公》、《穀》之說為誤，再強調胡氏承襲《公》、《穀》之謬。如

〔註37〕同註3，見卷二十四〈來元成春秋志在序〉收入影印本《四庫全書》第一三二
　　　〇冊，頁 203。

〔註38〕《春秋穀梁傳注疏・春秋穀梁傳序》楊士勛疏引鄭玄〈六藝論〉云：「《左氏》
　　　善於禮，《公羊》善於讖，《穀梁》善於經，是先儒同遵之義也。」頁 5121。
　　　范甯〈春秋穀梁傳序〉亦云：「《左氏》豔而富，其失也巫。《穀梁》清而婉，
　　　其失也短，《公羊》辯而裁，其失也俗。若能富而不巫，清而不短，裁而不俗，
　　　則深於其道者也。故君子之於《春秋》沒身而已矣。」頁 5125，可見《春秋》
　　　三傳各有所長。

《春秋毛氏傳》隱元年經：「九月，及宋人盟于宿。」西河認爲「及」爲「公及」、《公》、《穀》所謂彼此皆屬微者之說法有誤，如莊二十二年經：「及齊高傒盟于防。」《公》、《穀》便言爲「公及」，顯然《公》、《穀》說解互相矛盾，所以西河認爲應是「公及」。但胡氏卻遵皆屬微者之說法，並立一例，認爲「書盟爲惡之」。而經由西河批駁《公》、《穀》之說，胡氏所興發之例便成爲無據之談。〔註39〕又《春秋毛氏傳》僖二十四年經：「冬，天王出居于鄭。」下云：

> 若傳曰：「天子無出。」謂天子不宜出，出則書之，非謂天子不書出，出即貶之也。《公羊》與〈曲禮〉不解《春秋》，謂天子不言出，增一「言」字，便與夫子書法有未通矣。《書‧金縢》：「王出郊。」〈康王之誥〉：「王出在應門之內。」未嘗不言出。故〈冏命〉曰：「出入起居，罔有不欽。」〈王制〉曰：「天子將出，類于上帝。」出與入同，入之有出，猶出之有入也。《春秋》于襄王之奔，則但書入，而出亦自見，曰：「王猛入于王城。」曰：「天王入于成周。」此眞天子之《春秋》也。胡氏解《春秋》但知有《公》、《穀》，而全不知有夫子，如此經曰：「貶而書出。」夫襄固有罪當貶，書出王猛與敬王何罪乃貶而書入乎。（卷十六，頁7）

西河引《尚書》、《禮記》證明天王也有言出者，駁斥《公羊》「天子無言出」之說法。而對胡氏承襲《公》、《穀》，不知上求夫子原意，嚴加申斥。《春秋毛氏傳》襄七年經：「鄭伯髡如會，未見諸侯，丙戌，卒于鄵。」下云：

> 《公》、《穀》道聽塗說，純乎誣經，固不足怪，宋儒極稱尊經，致

〔註39〕《春秋毛氏傳》卷三隱元年經：「九月，及宋人盟于宿。」下云：「據傳，惠公末年敗宋師于黃，故公立而宋來成焉。此不過大夫來盟舊例，及者，公及也。宋人不書君，宋大夫也。而《公》、《穀》謂我但稱及，彼但稱人，則不惟公不與盟，而彼此相盟皆屬微者。……思之莊二十二年『及（齊）高傒盟于防。』而《公》、《穀》又云：『及者，公及也。』則我但稱及而公已與之，不必微者始與之，《公》、《穀》舉例已自矛盾。至文二年『及晉處父盟。』則公親如晉，而後與盟，此明明公盟，而但書及何也？乃胡氏既遵其說……乃復曰：『國君書盟，《春秋》惡之。』夫既舍魯公而入宿君，吾不知其所惡之者，惡魯君耶？抑惡宿君也。」，頁7～8。可見西河駁《公》、《穀》之說，而對於遵《公》、《穀》之說的《胡傳》，便批駁其立據有誤。按：微者，指非卿大夫之人，隱元年經：「九月，及宋人盟于宿。」《公羊傳》云：「孰及之，內之微者也。」何休注云：「士也。」《穀梁傳》云：「及之者何，內卑者也。」范甯言「非卿大夫」。總之，微者是指地位較諸侯、卿大夫卑下之人。

> 三百年來不知夫子有《春秋》，而祇知《胡傳》，乃其叛經悖聖，至
> 于如此，豈不可嘆。（卷二十四，頁 15）

西河在經學承傳上否認《公》、《穀》之地位，而尊崇《左傳》，此爲當時學風。
所以西河對於《胡傳》承襲《公》、《穀》說法之處大加撻伐，認爲「叛經悖
聖」，並對《胡傳》成爲三百年來《春秋》學之權威，障蔽《春秋》原本面目，
加以批駁，認爲應該上究孔子意旨爲依歸，不應只停留於對《胡傳》之研習。

（二）《胡氏傳》之義例彼此矛盾

西河除對《胡氏傳》之承傳加以批駁外，並指出其說解矛盾之處，如《春
秋毛氏傳》隱元年經：「春王正月」下云：

> 若胡氏又自造一例曰：「上一稟命于天子，內不承國于先君，大夫扳
> 已立而即立之，則不書即位，隱之不書，是仲尼削之也。」則春秋二
> 百四十餘年，凡列國立君，或爭或篡，或出或入，何嘗一稟命天子，
> 此在婦孺猶知之者，至不承先君，則桓不承隱，宣不承文，定不承昭，
> 而三君偏得書即位，何也？據曰：「隱之不書，仲尼削之。」則桓之
> 得書，將必仲尼襃之矣。夫亂賊可襃乎？乃自知難通，于桓即位，傳
> 則曰：「美惡不嫌同詞。」于宣即位，傳則曰：「一美一惡，不嫌相同。
> 夫美惡可同，是善惡混也。亂莫大乎善惡混，乃以夫子作《春秋》而
> 使善惡混，則或襃或貶，何所分辨。萬一桓、宣之徒，起而爭之，即
> 使游、夏再生，家喻戶曉，恐不能明也。吾不意胡氏之學，將掩聖經，
> 而一開卷間，即詞窮理屈如此。（卷二，頁 11～12）

西河敍述春秋天子無權之情況，批駁胡氏說解太迂，不符實情，更極力指斥
胡氏所立之義例矛盾，不能通貫全經，所以捉襟見肘，左支右絀，而「美惡
不嫌同辭」，更是混淆是非道德之判斷，不符孔子筆削褒貶之大義。《春秋毛
氏傳》昭二十二年經：「宋華亥、向寧、華定自宋南里出奔楚。」下云：

> 胡氏謂不書諸國救宋者，所以罪諸國，書自宋者，所以罪宋，書奔
> 楚，所以罪楚。則此時諸國無罪，羣賊在內，強援在外，固請予楚，
> 未爲失算，若宋、楚得罪，則在事理或有之，而在書法並無有。初
> 華向奔陳，繼書華向自陳入于宋。書奔、書自，何止宋、楚，以此
> 爲罪，則陳罪魁矣。且天下未有書亦罪，不書亦罪，而可以云書法
> 者，此謬也。（卷三十一，頁 8～9）

西河指出胡氏說解有二處矛盾。其一，與昭二十年經：「宋華亥、向學、華定出

奔陳。」及二十一年經：「宋華亥、向寧、華定自陳入于宋南里以叛。」相較，其間情況相類似，但《胡傳》對陳國並無批評，而在此卻嚴厲批宋、楚，顯然事等而判殊，有偏頗矛盾的缺失。其二，書法本身之邏輯上也有矛盾，書與不書都加以罪責，顯然有羅織入罪之嫌。此皆可見西河駁斥《胡傳》矛盾之處。

（三）胡氏說解違戾事理

西河對於《胡傳》之批駁，首先攻訐胡氏傳經系統，並檢討胡氏義例是否一貫，有無矛盾之處。此外，更省察胡氏說解是否符合事理。也就是指出《胡傳》內容有違史實，有悖常理之處。西河此類之批駁最多，如《春秋毛氏傳》隱三年經：「三月，庚戌，天王崩。」下云：

> 若胡氏謂：「諸侯爲天子服斬衰，禮當以所聞先後而奔喪。」不知所
> 據何禮，乃特引〈康王之誥〉：「太保率西方諸侯入應門左，畢公率
> 東方諸侯入應門右。」爲證。夫踐祚之禮，其所爲諸侯壞奠，悉用
> 虛名，與奔喪實至不同。況天子新喪，六服遼闊，此時即赴告之使，
> 猶恐不能即出，安能于一二日間，便東方西方一時俱到，故《尚書
> 正義》謂：「成王始崩，或有諸侯來朝京師者，而適遇國喪，遂因見
> 新王。」非謂東西諸侯即能至也。則此所引書，明非諸侯來奔喪者。
> 而辨證及此，不惟失據，其于事理亦不通矣。（卷四，頁 3～4）

西河長於說禮，此則以常理判斷，諸侯距離京師遙遠，不可能一時俱至，所以胡氏引據失當，不通於事理，其後西河又舉文九年經：「二月，叔孫得臣如京師，辛丑，葬襄王。」爲證，說明魯文公未親往送葬。（卷四，頁 4）駁斥胡氏說解未符《春秋》實情。又《春秋毛氏傳》莊四年經：「夏，齊侯、陳侯、鄭伯遇于垂。」下云：

> 鄭自桓十五年忽歸國後，突隨入于櫟，而未有國也。既而忽爲高渠
> 彌所弑，而立子亹，則齊襄殺子亹而戮高渠彌何也？以齊黨忽也。
> 故子亹既殺，突仍不入，而立子儀，以突爲忽讎，即爲齊讎，子儀
> 無德怨焉。此時子儀正主國，故齊與謀之。胡氏謂是突，不惟不識
> 事實，并不識情理矣。突、忽不兩立，齊、宋不兼合，各有所爲。（卷
> 九，頁 6～7）

西河據《左傳》所載史事，因此胡氏率言立論之處，西河便指斥其悖於史實。鄭國忽與突爭國，宋助突，齊則爲鄭忽之黨，其間有國際聯盟勢力之對立，

〔註40〕胡氏未專意於此，所以不免爲西河攻擊，認爲其悖於事實，昧於情理。又《春秋毛氏傳》成十一年經：「公至自晉」下，西河批評晉國恃強凌弱，因爲懷疑魯國通楚，便留滯魯成公，至此才得歸國，其中便對胡氏專執晉順楚逆之主張，昧於情理，太過拘迁之說解，加以批評云：

> 胡氏拘迁，全以晉順楚逆爲諸國向背之斷，其于事理之得失，毫釐不解。（卷二十三，頁 8）

於此，可見西河對於胡氏違背事理之批駁。其例甚多，不一一畢舉。

　　總之，西河《春秋》學之撰述目的，乃是希望消除《胡氏傳》之權威，恢復夫子《春秋》之經典地位。

〔註40〕《春秋毛氏傳》卷八桓十五年經：「鄭伯突入于櫟。」下云：「據傳：鄭伯因櫟人殺檀柏，而遂居櫟，櫟者，鄭之別都，非鄭國也。《公羊》誤以入櫟爲入鄭，而云：『曷爲不言忽之出奔？』此詭辭也。而胡氏承詭遂云：『厲公復國，削而不書，但書入于櫟。』則此時突果復國乎？突已復國，而後文復伐鄭以納突乎。且胡氏于後文亦曰：『將納厲公，弗克而還。』而此已復國乎？」，頁 18。此以說解前後矛盾批駁胡氏。而《春秋毛氏傳》桓十五年經：「冬，十有一月，公會宋公、衛侯、陳侯于袲，伐鄭。」下云：「前此隱六年，鄭忽爲齊敗北戎，有功于齊，齊初早欲妻以女，至是請再妻，雖忽兩見辭，而齊之德忽如故，故鄭莊在時，齊合鄭伐魯，爲忽伐也。至鄭莊卒而忽出奔衛，則魯反合鄭，而齊與鄭讎，十三年，四國之戰是也。即齊僖已死，齊襄繼世，而齊之讎鄭如故，十四年，齊復與宋、衛、陳、蔡伐鄭是也。及忽歸于鄭，而齊師並不及鄭矣。至十八年，高渠彌弒忽而立子亹則然後帥師討鄭，殺子亹而輾裂高渠彌爲忽復讎。則是齊乃忽黨。……乃胡氏則更有誤者……竟云忽不足以君一國，日就微弱，突雖篡逆，而智足以結四鄰冤矣。」頁 21～22。桓十一年，鄭祭仲與宋人盟立突，所以鄭忽出奔，因爲突之母雍結爲宋雍氏女。所以可知宋爲突黨，而齊爲忽黨，魯則惡忽。其間忽與突爭國，各國也涉入其間，西河則據此批駁胡氏不明當時局勢，而妄加議論。

第三章　毛西河《春秋》學之要旨

第一節　提出簡、策分書之概念

一、簡、策分書之定義

　　西河以簡、策分書說解《春秋》，除用以論證古史書法有簡、策之例外，並穿貫全經之解說，《春秋毛氏傳》卷一云：

> 特志簡而記煩，簡則書之于簡，謂之簡書。簡者，簡也。以竹爲之。
> 但寫一行字者。煩則書之于策，謂之策書。〈聘禮〉所云：「百名書于策。」謂百字以上皆書之。雖猶是竹牒木版所爲，而單策爲簡，聯簡爲策。策者，冊也。以編合竹簡，合兩丹爲一冊。（頁4）

西河引《儀禮・聘禮》：「若有故，則卒聘束帛，加書，將命百名以上書于策，不及百名書于方。」〔註1〕爲證，認爲簡、策形製不同，所以功用亦殊。簡單之文句書於竹簡之上；複雜之文句，單片竹簡所不能容納，則書寫於策上；因此簡、策不同，文體乃隨之而有志、記之異。西河《春秋毛氏傳》舉《左傳》所載爲例云：

> 故襄二十五年，崔杼弒齊君，南史氏執簡以往，此簡也。書志者也。

〔註1〕《儀禮注疏》卷二十四〈聘禮〉云：「若有故，則卒聘束帛，加書，將命百名以上書于策，不及百名書于方。」賈公彥疏云：「……策、簡，方板也者，簡謂據一片而言，策是編連之稱，是以《左傳》云：『南史氏執簡以往。』是簡者，未稱之編。此經云：『百名以上書之於策，是其衆簡相連之名。』」頁283。

文十五年，宋司馬華孫來盟，公與之宴。辭曰：「臣之先臣督，得罪

殤公，名在諸侯之策。」此策也，書記者也。（卷一，頁 4）

志、記的分別，西河《春秋毛氏傳》又詳言之云：

乃徐仲山《日記》又曰：「曩時《春秋》記事而已，夫子之《春秋》

則志其名，而不記其事。」按：《周禮》內史讀四方之書事，謂書四

方之事，而讀于王前，此記事也。若外史掌四方之志，則志解作誌，

又解作幟。謂標幟其名而列作題目以告于四方。故又曰：「外史掌書

名達于四方。」其所爲記，即《春秋》之傳也。所爲志，即《春秋》

經也。是以〈左傳序〉云：「史官掌邦國四方之事。」則記也，緯書

《鉤命決》曰：「欲觀我褒貶諸侯之志在《春秋》，崇人倫之行在《孝

經》。」則志也。（卷一，頁 3）

西河引《周禮》卷六〈春官宗伯下〉內史、外史職掌之不同，作爲志、記分

別的由來。但西河的解釋並非十分吻合原典意義。〔註 2〕推究其因，西河乃是

爲簡、策分書之制度找尋先秦中已存在之證明。所以對於原典意涵也就不甚

留意，總之，對於簡策分書之概念，西河認爲文句簡單，書寫於簡書之上，

乃是標誌之名目，爲外史所職掌者，稱爲志；而文句較繁，詳載事蹟，書寫

於策書之上，爲內史所職掌者，則稱爲記。

《春秋毛氏傳》桓十五年經：「五月，鄭伯突出奔蔡。」下云：

杜氏〈春秋序〉云：「大事書之于策，小事簡牘而已。」正言《春秋》

經、傳，事之多字者，必書于策。傳文載事煩，故策書之。事之少

字者，可書簡牘。經文祇題目，即簡牘而書已盡。（卷八，頁 15）

由於西河有簡、策分書之概念，所以對於《春秋》經、傳文字詳略的差異，

便用簡、策分書的概念加以解釋。《春秋簡書刊誤》云：

夫左氏之傳，即是策書，左氏之經，即是簡書。故夫子筆削祇襲魯國

之簡書以爲本，即絕筆以後，猶有舊簡書一十七條見于《左傳》。則

哀十四年獲麟以前其爲眞簡書，而以之作夫子之聖經。（卷一，頁 2）

《春秋毛氏傳》云：

〔註 2〕《周禮注疏》卷二十六云：「凡四方之事書，內史讀之。」疏云：「言四方之
事書者，諸侯凡事有書奏白於王，內史讀示王。」頁 408，「事書」即爲後世
之奏疏，有事以書奏於王，而內史讀於王前，西河解爲「書四方之事」，意義
實有未允。

是以夫子修《春秋》，第修簡書，而左丘明作傳，則取策書而修之。
（卷一，頁4）

所以《四庫全書總目・春秋毛氏傳提要》云：「奇齡乃以簡書、策書爲經、傳之分。」〔註3〕西河認爲孔子、左丘明之前已有簡、策之書，爲兩人所依據，但簡書、策書今已不傳，所傳爲孔子與左氏所修之本。即是《春秋左氏傳》之經、傳。〔註4〕

而對於孔子及左氏所修的《春秋》經、傳，西河認爲夫子之《春秋》是聖經，其中有予奪褒貶之旨，《春秋毛氏傳》云：

禮有違合，事有善惡，文有隱顯，而褒譏美刺皆得以直行其間。（卷一，頁14）

所以西河對於夫子之《春秋》並無批評，而將其視爲經典，作爲省察了解的依據。《春秋條貫篇》卷一云：

魯史殘闕，孔子簡書所據極詳，而左氏所據之策書則十無一備。（頁7）

卷五亦云：

夫夫子經文無闕漏者，夫子所修者魯史，而丘明以晉史當之。夫子所惡者，晉君、晉臣，而晉史特誇揚晉君臣，以張大之。我所傳者魯史，所發明者夫子之書，而反信晉史，而疑魯史，信丘明而疑夫子之書，大無理矣。（頁19）

西河強調孔子經文無闕，而左氏所據之策書則不甚完備。但事實上，西河說解《春秋》也有指出經簡散佚之處，《春秋毛氏傳》卷八云：

如莊二十六年傳所載虢人侵晉諸事，但有傳而並無經，稱爲策書雖存而簡牘散落可驗，以傳策雖存而經簡亡也。（頁16）

但這種說解於《春秋毛氏傳》中並不多見，西河所強調爲孔子修《春秋》所依據之魯簡書，並無太大闕漏。相對而言，西河則屢屢指出左氏所據之策書不完備。《春秋毛氏傳》云：

特左氏所據策書，猶是魯史之未備者。往往與簡書互有闕落。如哀

〔註3〕〈春秋毛氏傳提要〉云：「奇齡乃以簡書、策書爲經、傳之分，亦爲武斷。」《四庫全書總目提要》卷二十九，頁587。

〔註4〕西河認簡、策書所傳之原本是《春秋左氏傳》之經、傳。但西河《春秋毛氏傳》是以《胡傳》經文爲據，顯然與其主張不合，所以經李紫翔指正後，作《春秋簡書刊誤》一書，以《左傳》經文爲簡書，校正《公》、《穀》文字的差異。其事詳見於西河《春秋簡書刊誤》卷一。

十四年，西狩獲麟後，魯史簡書凡二十六條，而策書所闕落者有十
五條，則其舊史之未備，從可知也。（卷一，頁8）

由簡書有而策書闕佚之處，西河認爲左氏所據之策書未備，應是舊史有闕，
所以西河認爲左氏也有搜集他國史書來作爲參考之處，《春秋毛氏傳》云：

至定、哀之間，即本國事實，仲孫伐邾，三家取田，亦了無始末可
據，而列國史冊則但得晉、楚二史以爲傳本。一如《孟子》所云：「晉
之《乘》，楚之《檮杌》，魯之《春秋》者。」故文、宣以後，夫子
所貫惟晉、楚，而左氏特取晉事而鋪張之。……究之定、哀之後，
純記趙簡子之事爲趙史，而世顧未之察也。（卷一，頁8～9）

西河援取《孟子》之說，認爲左氏參考晉、楚史書，甚至有專記趙簡子之事
的情況，可知左氏所據之魯史闕略，因此必須以他國史料補充。甚至西河推
測左氏有以己意補之者，《春秋毛氏傳》云：

是以舊史有闕，而左氏以己意補之，即與經悖。（卷一，頁8）

《春秋毛氏傳》隱八年經：「冬，十有二月，無駭卒。」下云：

毛氏記事極可據，而一當解經，則十有五六誤者。（卷五，頁9）

文七年經：「戊子，晉人及秦人戰于令狐，晉先蔑奔秦。」下云：

凡此皆策書稍脫，而傳輯其文必有誤者。（卷十九，頁3）

可見西河借駁左氏謬誤與經相悖之處，來證明《左傳》並不完備，所以西河
認爲策書不詳之處，則當闕如，不當傅會。《春秋毛氏傳》昭年經：「冬，十
有二月，乙卯，叔孫豹卒。」下云：吾故曰：「解《春秋》者，但據經，傳苟
可疑，即闕之可也。況說傳者也。」（卷二十九，頁10）西河申明解經當依經
文，傳文可疑，則當闕疑，不應傅會，而阻礙經文意義。

歸納而言，西河認爲簡、策分書之概念爲：

1. 周代各國有簡、策分書之制度。
2. 簡書乃是標誌名目；策書則詳載事蹟。
3. 簡書文句簡略，書於竹簡之上；策書文句詳細，書於方冊之上。
4. 簡書是赴告於四方，爲外史所掌；策書是讀於王前，爲內史所掌。
5. 孔子據魯國簡書作《春秋》，左氏據各國策書，並參以己意作《左傳》。
6. 《春秋》經文頗詳備；而《左傳》則有闕落謬誤之處。
7. 《春秋左氏傳》西狩獲麟後所附之經文爲殘存舊簡書。

二、簡、策分書所舉之例證

　　西河認爲孔子及左氏所作之《春秋》經、傳，乃是依據簡、策之書而來。所以必須證明春秋時有簡、策分書之制度，並說明其內容。《春秋毛氏傳》云：

> 然且簡、策之例，必具三事。一讀本國，一上王朝，一告之四方邦國諸侯。故《國語》魯臧文仲祀爰居，展禽陳國之祀典以折之。文仲曰：「信吾過也，季子之言不可不法也。使書之以爲三策。」三策者，一讀、一上、一告也。（卷一，頁4）

西河所引自《國語・魯語上》，原文作「使書以爲三筴」。〔註5〕西河認爲簡、策之書有三分，一存於本國，一上告天子，一告於四方諸侯。但之前西河引《周禮》，認爲簡書爲志，是告於四方，而策書是記，讀於王前，而此言書三策，其中不甚相合，但西河並未詳加交代，顯然西河如此解釋，僅是爲了證明簡、策分書之制度存在於各國之間。所以並不力求符合原典之意，以及彌縫各說的差異。至於簡、策分書之例，西河又以《春秋》經、傳相歧之處爲證，《春秋毛氏傳》云：

> 是以夫子修《春秋》，第修簡書，而左丘明作傳，則取策書而修之。隱七年傳：「諸侯凡策告謂之禮經。」十一年傳：「諸侯不告不書于策。」明言策、簡之例，史所最嚴。故宣十年「崔氏出奔。」簡書例稱族，策書例稱名。宣十七年「叔肸卒。」簡書例稱公弟，策書例稱公子。襄三十六年「甯殖逐衛侯。」簡書例稱出奔，策書例稱出君。成十三年「晉侯伐秦。」簡書例祗稱伐秦，策書例始稱秦師敗績。其簡、策書例，歷有明據，乃註疏乖反，謂經是策書，傳是簡書，則南史執簡、甯殖書策，皆不通矣。此所當考正者。（卷一，頁4～5）

西河舉《左傳》隱七年及十一年記載策告之事，認爲即是簡、策之例的施行。並以四個《春秋》經、傳稱謂不同之處，證明簡、策書例不同，如此皆是從《春秋》本身證明簡、策分書之制度早已存在。而言「註疏乖反」，乃是指杜預〈春秋序〉「大事書之於策，小事簡牘而已。」以及孔穎達疏云：「仲尼脩

經，皆約束策書成文，丘明作傳，皆博采簡牘眾記。」〔註6〕之說法，對此《春秋毛氏傳》桓十五年經：「五月，鄭伯突出奔蔡。」下辯解云：

> 故杜氏〈春秋序〉云：「大事書之于策，小事簡牘而已。」正言《春秋》經、傳事多字者，必書于策。傳文載事煩，故策書之。事之少字者，可書簡牘，經文祗題目，即簡牘而書已盡。其云大小者，多少之謂，北人稱多少曰大小故也。……故《正義》有云：「經據策書，傳憑簡牘。」此又言經之題目，據傳爲文，而傳之記事，又憑經立義，所謂經傳相需者。非謂經是策，而傳是簡也。（策八，頁15～16）

西河引杜預〈春秋序〉，以多少釋大小，並以簡、策相需來說明《正義》所言「經據策書，傳憑簡牘。」但事實上，孔穎達疏云：「仲尼脩經，皆約束策書成文，丘明作傳，皆博采簡牘眾記。」西河所言並不符原意。西河乃是爲使簡、策分書之概念一貫，所以對於相反的主張，加以疏通，甚至有曲解之嫌。於此可見西河爲求一致性，往往犧牲原典意義，而將這些資料穿鑿佐證的辨證習慣，此實有失於篤實。但如單就西河之立論省察，西河以簡、策形製不同，書寫分量有殊，來解釋《春秋》經、傳詳略之差異，並由《周禮》內、外史職掌不同，以及《國語》提及策書，來推論當時已有簡、策分書之制度。進而由《春秋》經、傳書例不同，來證明簡、策有不同之撰作系統。由外證而內證，循序論駁，有立有破，而求簡、策書之概念通貫全經，立論之處皆以例證佐助，其說實頗具說服力。

三、簡、策分書所解決之問題

　　西河簡、策分書之概念雖然駁斥杜預〈春秋序〉及孔疏說法，認爲註疏乖反顛倒。但西河概念之啓發應源於此，西河所舉之例證泰半見於孔疏所引，即可爲證，孔疏云：

> 其字少則書簡，字多則書策，此言大事小事，乃謂事有大小，非言字有多少也。〔註7〕

可見西河乃是據此，力反其辭，以多少解釋大小來論釋杜預〈春秋序〉。但爲何西河如此大費周章，以《春秋》經、傳分隸簡、策，除用以說明《春秋》經、傳何以文字上有詳略不同外，當有更深層說解《春秋》的需要，在此予

〔註6〕見孔穎達疏《春秋左傳正義》卷一，頁9。
〔註7〕同註6，卷一，頁9。

以探討。

　　西河以簡、策書分別爲孔子及左氏所本，來說明孔子之前已有《春秋》，並闡明孔子及左氏撰作之情況。《春秋毛氏傳》云：

　　　　左史所記爲《春秋》，右史所記爲《尚書》。……在三代以來，原有
　　　　是書與《尚書》並傳，而秦火以後，但見此而不見彼，遂以夫子之
　　　　《春秋》當六經之數，而不知前此之爲《春秋》在春秋晉、楚之間，
　　　　猶見之也。（卷一，頁3）

又云：

　　　　夫子修《春秋》，但修簡目。（卷八，頁16）

西河強調《春秋》在孔子之前早已存在，爲史官所職掌，孔子之《春秋》乃是承此而來，因此《春秋》爲史書之性質更形加強，所以《春秋》之予奪褒貶乃是以史實作判斷，而非在字句上斟酌揣測。據此，西河立四例解《春秋》，其中便有「事例」一項。《春秋毛氏傳》中即常以「書其事而義自見。」（卷十一，頁7）「《春秋》書事何曾有美刺之字見于文間，苐書事而善惡自見，此即例也。」（卷三十二，頁1）來說解《春秋》，當然西河重視史實不僅一端，後將詳述，但簡、策分書之概念確立孔子《春秋》承襲魯史之性質。並且有助於西河推測當時史官書例爲何，來解釋闡揚孔子《春秋》經文因革之用意所在。

　　再者，簡書既是古所具有，西河強調孔子《春秋》所據之魯簡書詳備，只要掌握簡書乃是標誌題目，必須與策書相參照之研讀方式，就能得其理路，《春秋條貫篇》卷一自述閱《春秋》房卷之經驗，更藉此批駁認爲《春秋》爲斷爛朝報之觀念，云：

　　　　御史曰：「子不聞宋人之廢《春秋》經乎？《春秋》經非他，斷爛之
　　　　朝報也。朝報無緒，而其事又不相屬，無緒則不條，不相屬則不貫，
　　　　不條不貫則雖不斷爛而不可爲法。斷爛則廢矣。傳也者，蓋所以條
　　　　貫之也。」予曰：「如是則叛經甚矣。考之條貫之說，始自杜預，預
　　　　所云經之條貫，必出于傳。謂夫簡書無事，經之簡書必取丘明所傳
　　　　之策書就其事而條貫之。非謂經本無義，必藉胡氏所傳文以貫其義
　　　　也。蓋魏晉間無《胡傳》矣。且夫經有條貫，傳無條貫也。（頁2）

西河在此批駁尊崇《胡傳》解經之說法，強調《春秋》經文有事理可循，並非斷爛朝報，經文之中「其事之蛛絲馬跡，歷歷有穿弗。」（同前）而由於簡書只是標誌名目，所以有史例，因此西河用史官門部加以說解，立二十二個

門部，歸納收列《春秋》經文之名目，並推測作志之法，《春秋毛氏傳》云：

> 凡此門部，先定之為記事之則，而志名者則又另立一籤題以為門部
> 之標識，至于事之始末詳略，皆所不問。（卷一，頁6）

也就是認為簡書只是記標題，事情始末都不用記錄，事情緣由必須由策書得
知。《春秋條貫篇》云：

> 是以簡書之例，但憑告詞，而既存一簡，則必詳之策書，以俟是非
> 之有在。如此經祗告來奔爾，而致奔之由，則即此一書，而其事其
> 義，皆可以見。然則夫子之存此有故矣。（卷九，頁22）

西河以簡、策書相參看說解《春秋》，其實也是以傳明經方式的延伸，只是多
增加簡、策分書之概念，來增強《春秋》經、傳之關係。所以西河強調以經
解經，不以傳解經，對於歷來之注解常加駁斥，便是因為執有簡、策分書之
概念，作為駁斥前人傳注之立論根源，李塨〈春秋毛氏傳序目〉論西河簡、
策分書之概念云：

> 就三傳之中，取其事之與經合者，曰傳。且別其傳之與史合者，曰
> 策書。不特杜預、何休、賈逵、范甯受其區別，即《公羊》、《穀梁》
> 指斥如薊隸，必不使與左氏策書互相溷亂。（頁2）

可見西河以簡、策分書之概念作為統貫諸家及駁斥他人說解之依據。

　　總之，簡、策分書之概念，除解決形製上經略而傳詳之問題外，更成為
西河《春秋》學中許多說解的理論根源：一、上溯《春秋》之撰作情況來凸
顯史書之性質，因此立有四例、二十二個門部來說解《春秋》。二、《春秋》
經文自簡書而來，自然可以事理條貫，所以作《春秋條貫篇》，駁斥宋人《春
秋》斷爛朝報之說。三、簡、策分書取代由傳解經之方式，成為西河駁斥他
家說解之立論依據。由此可見西河是以簡、策分書之概念貫串《春秋》之解
說，成為整體之系統。

第二節　屬辭比事以見史實

一、屬辭比事之定義

《禮記・經解篇》云：

> 孔子曰：「……屬辭比事，《春秋》教也。……《春秋》之失，亂……

　　　屬辭比事而不亂，則深於《春秋》者也。」

鄭注云：

　　　屬猶合也。《春秋》多記諸侯朝聘會同，有相接之辭、罪辯之事。

鄭玄以「朝聘會同」爲《春秋》中記事內容，認爲《春秋》中有諸侯朝聘會
同的相接之辭、罪辯之事。孔穎達《禮記正義》本其說而加詳，云：

　　　屬，合也。比，近也。《春秋》聚合會同之辭是屬辭，比次褒貶之事
　　　是比事也。〔註8〕

其中強調「聚合會同之辭，比次褒貶之事。」說解更爲明晰，但孔疏以「褒貶」
釋「罪辯」，鄭注「罪辯」是指《春秋》中諸侯本身彼此的責罪辯駁，而孔疏「褒
貶」則爲後人或是《春秋》撰作者評判是非之辭，注疏指涉之內容似乎稍有差
異，相形之下，孔疏對於《春秋》評斷是非的功能更爲加強，也就是更重視《春
秋》褒貶性質。至於〈經解〉云：「《春秋》之失，亂。」鄭注云：

　　　《春秋》習戰爭之爭，近亂。（同前）

孔疏本之，無甚發揮。而鄭注所言之「亂」，似乎指《春秋》所產生之影響，
因爲《春秋》多言爭戰之事，此爲違亂社會秩序，嫻習其事，不免離亂王道，
有違教化。其中所強調爲《春秋》載事之內容，所著重爲《春秋》教化功能。

　　西河是以《禮記・經解篇》所載孔子之言作爲研求《春秋》之方法，李
塨〈春秋毛氏傳序目〉述西河之學云：

　　　〈經解〉曰：「《春秋》之失，亂。」亂者，亡之端也。又曰：「屬辭
　　　比事而不亂，則深于《春秋》者也。」夫屬辭比事，治亂之法也。
　　　先生知其然，專爲治經。（頁2）

西河並撰有《春秋屬辭比事記》，可見屬辭比事爲西河研治《春秋》之方法。
但西河詮釋《禮記・經解篇》這段文字之重點顯然在後句，強調屬辭比事是
治《春秋》的亂，與鄭注、孔疏所強調之《春秋》教，已不甚相同，可見不
同的時代背景，詮釋也就不甚相同，西河是將屬辭比事一句獨立而出，視爲
研究《春秋》之方法。李塨又解釋其定義，〈春秋毛氏傳序目〉云：

　　　而于是連其書法之通蔽，謂之屬辭，較其事之參變，謂之比事，而
　　　予奪見焉。（頁2）

於是屬辭比事成爲呈顯予奪褒貶之方式。李塨以「較其事之參變」來解釋比
事，實易於了解，但以「連其書法之通蔽」來解釋屬辭，不免使人又入迷障。

〔註8〕見鄭玄注，孔穎達疏，《禮記注疏》卷二十六〈經解〉，頁845。

於此，西河《春秋屬辭比事記》所言，反較爲清楚，云：

> 夫辭何以屬？謂夫史文之散漶者，宜合屬也。事何以比？謂夫史官
> 所載之事畔亂參錯，而當爲之比以類也。此本夫子以前之《春秋》，
> 而夫子解之如此，是以夫子之《春秋》亦仍以四字爲之解。（卷一，
> 頁 1）

強調孔子之前已有《春秋》，上文闡述簡、策分書之概念時已有論及，也就是西河將《春秋》史書的性質更形加強，所以此處所云「史文」、「史官」，皆是對於《春秋》史書之性質加以定位，所以言「史文之散漶者，宜合屬也」較「連其書法之通觀」之解說，更爲清楚明晰。事實上，西河乃是連貫《孟子》論《春秋》性質之說法，來解釋《禮記‧經解篇》所言之「屬辭比事」，《春秋屬辭比事記》云：

> 昔者，《孟子》解《春秋》曰：「其事」，則事當比也。曰：「其文」，
> 則其辭當屬合也。（卷一，頁 1）

西河所引之「其事」、「其文」，見於《孟子‧離婁下》：

> 王者之迹熄而《詩》亡，《詩》亡然後《春秋》作，晉之《乘》，楚
> 之《檮杌》，魯之《春秋》，一也。其事則齊桓、晉文，其文則史。
> 孔子曰：「其義則丘竊取之矣。」〔註9〕

《孟子》所言之「事」、「文」、「義」爲西河所援據，成爲四例中的三例。西河以此來闡明《春秋》，作爲審辨經文之綱領。在此，西河加以統合連貫，以《孟子》之言與《禮記‧經解》所言之「屬辭比事」相貫通，認爲是屬其文，比其事。

再者，由於西河強調《春秋》爲史書，所以認爲〈經解〉所言之「亂」爲「史文之散漶」、「載事之畔亂參錯」，顯然與鄭注不合，所以西河駁斥漢儒之論釋云：

> 漢儒謂屬合辭令，比次戰伐，則于作者之意全無統繫。而好事者自造
> 爲書例，謂辭有褒貶，事有功罪，皆于書法乎例之。……而較之全經，
> 而一往不合，則于是重疑《春秋》，而《春秋》不傳。（卷一，頁 1）

可見西河對於漢儒解經所導引之書法褒貶，不甚滿意，以「全無統繫」加以質疑，而對書法義例，更是以「較之全經，而一往不合」加以批駁，認爲使《春秋》原本面目被重重遮掩，所以李塨以「連其書法之通觀」解釋「屬辭」，

〔註9〕見《孟子注疏》卷八上〈離婁下〉，頁146。

實非十分吻合西河原意，應該加以申明是指史官書法，而非西河所駁斥後儒解《春秋》之書法義例。

　　但西河如此解釋「屬辭比事」，其實也並非盡符《禮記‧經解篇》的原意，〈經解篇〉云：

　　　　孔子曰：「入其國，其教可知也。」〔註10〕

所言之「教」，應指政教風俗，西河對此卻略而不言，《屬辭比事記》云：「此本夫子以前之《春秋》，而夫子解之如此，是以夫子之《春秋》亦仍以四字為之解。」（卷一，頁1）言「解之」，其實已偏失重點，〈經解〉所言為「入其國」，強調是知其國之教，而西河卻認為是針對《春秋》而言，兩者指涉不同，因此可知西河說解屬辭比事之概念有闡發引申之處，並以此作為論釋《春秋》的方法論。所以西河貫串《孟子》與《禮記‧經解篇》之說法，偏重史事而忽略政教前提，實有偏忽之處，相對於漢儒之解釋，其內涵已有所失落。〔註11〕所以西河批駁漢儒說法「全無統繫」，並不公允，因為漢儒本來就無意於統繫《春秋》意旨，而只是疏解《禮記‧經解篇》這段文字，說解的本體不同，意義去取也就不相同。但漢儒以政教解經的取向，在清代經學復興，強調恢復漢學的學風中，卻可發現西河並沒有對此加以發揚。總之，西河乃是就典籍中有關《春秋》之說法加以統合貫串，形成系統，來說解《春秋》，所以援取原典並不一定符合原意，而是賦予新的闡釋，成為說解系統中的支柱。

二、屬辭比事之應用

　　由上文可知西河解釋《禮記‧經解篇》之言，實有偏忽，實因西河轉化《春秋》教為解讀《春秋》的方法，至於應用之方式，《春秋屬辭比事記》云：

　　　　而在夫子以前，晉韓起聘魯，見魯史《春秋》，即嘆曰：「周禮盡在魯矣。」則魯史記事全以周禮為表志，而策書相傳謂之禮經。凡其

〔註10〕同註8，卷二十六，頁845。
〔註11〕殷鼎撰，《理解的命運》第二章〈意義的危機〉中便闡釋意義是流動未定，隨著解釋者而展現不同的意蘊，而原意便在作者與解釋者不同的語言歷史背景中，無可避免的消解失落，詳見第一節〈意義的失落〉，頁47～50。鄭玄注解《禮記‧經解篇》是順勢說解，所以強調其政教功能，而西河將「屬辭比事」一句獨立解釋，認為是研究《春秋》方法，兩者意義已有不同，而政教解經之意涵更已失落。

事、其文一準乎禮，而從而比之屬之。雖前後所書，偶有同異，而義無不同。並無書人、書爵、書名、書日之瀆亂乎其間。而遍校之十二公，二百四十二年之《春秋》而無往不合，則眞《春秋》矣。向非屬辭，亦安知其文之聯屬如是也。書人亦例，不書人亦例也。書名、書爵、書日無一非例，即不書名、書爵、書日亦無一非例也。而于以比事，則事之相似者，而褒譏與功罪見焉，即不相似者，而褒譏功罪亦無往不見焉。（卷一，頁1～2）

西河以晉韓起聘魯之記載作爲以禮解《春秋》之理論根據，強調以禮爲判斷標準，而判斷之前，首先必須比屬《春秋》經文的辭事，由此，西河發現《春秋》經文展現褒譏功罪之內容，而這種方式與前人執書人、書爵、書日之書法義例並不相同，但檢校《春秋》全經，並無衝突矛盾之處，所以西河認爲經由此種方式所得之結果，才是《春秋》的原旨，至於以書人、書日來解說《春秋》之方式，西河則認爲自相矛盾，不能通貫全經。而由於西河之比屬爲「前後所書，偶有同異，而義無不同。」亦即強調屬合其文而知其意義。而容許文字有「同異」之態度，則泯除字句褒貶之解經方式，所以才會「事之相似者」、「即不相似者」都能見其褒貶功罪，可見西河所強調爲得其事實，並以禮判斷其功罪，定其褒貶，所以比屬之事文，不在於文字之間尋求義例褒貶，而是在經傳記載中得其詳情，並判斷是否合禮，才定其予奪。而這種比屬的方式，正是得其史傳事實之方法。而除訴諸禮之判斷外，在性質上，西河也強調說解之一貫性，《春秋毛氏傳》桓元年經：「公即位」下云：

> 學者注經，所貴平情，況《春秋》一書，全在比例，豈有《春秋》本經前後見在，而舉其一遂忘其一者，豈有同一事例，而前極貶之，而後又極褒之者。（卷六，頁3）

西河強調屬辭比事要求平情、要求一貫，所以西河也常以此批駁各家註解矛盾，如《春秋毛氏傳》卷八，桓十三年經：「公會紀侯、鄭伯。已巳，及齊侯、宋公、衛侯、燕人戰，齊師、宋師、衛師、燕師敗績。」下批評《左傳》、《公羊》爲「逐步認路，不解全經。」（頁9）批駁《胡傳》爲「茫然不讀本經前後聯絡，而妄自立說，此《春秋》之所以亡也。」（頁10）《春秋毛氏傳》卷十四，僖元年經：「齊師、宋師、曹師次於聶北救邢。」下西河亦云：

> 夫傳《春秋》者，當讀《春秋》，予嘗謂《公》、《穀》、《胡氏》全然不讀《春秋》者，《春秋》有本經，有前後經傳，七月之經而不知有

十二月，此不讀本經者也。乃經有前後可以比例，如經書以歸不一，
皆是歸其國，非歸他國者。（頁2）

言「經書以歸不一，皆是歸其國。」便是比屬事文「前後所書，偶有同異，
而義無不同」的事例，而之所以如此強調前後一貫，便是因爲西河認爲《春
秋》有連文書法，《春秋毛氏傳》云：

《春秋》多連文書法，此亦是例。（卷八，頁10）

因爲經文有「連文書法」，所以要比屬經文，便要注意平情，要通貫全經。總
之，西河便是以屬辭比事的方法來研求《春秋》之旨，《春秋屬辭比事記》云：

以禮爲志，而其事、其文以次比屬，而其義即行乎禮與事與文之中，
謂之四例，亦謂之二十二志，而總名之曰：《春秋屬辭比事記》。夫
如是，而夫子之《春秋》庶可見乎。（卷一，頁2）

可見西河以屬辭比事作爲研讀《春秋》之方法，更據此發展四例及二十二個
門部，來解析《春秋》，所以屬辭比事之精神是通貫西河說解之體系，因此對
於西河撰作之《春秋屬辭比事記》，《四庫全書總目·春秋屬辭比事記提要》
頗爲稱許，云：

奇齡作《春秋傳》，分義例爲二十二門，而其書則仍從經史十二公之
序。此乃分門隸事，如沈棐、趙汸之體，條理頗爲明晰，考據亦多
精核。蓋奇齡長於辨禮，《春秋》據禮立制，而是書據禮以斷《春秋》，
宜其秩然有紀也。至《周禮》一書，與《左傳》多不相合，蓋《周
禮》爲王制，而《左傳》則皆諸侯之事，《周禮》爲初制，而《左傳》
則皆數百年變革之餘，強相牽附，徒滋糾結。奇齡獨就經說經，不
相繳繞，尤爲特識矣。是書爲奇齡門人所編，云本十卷，朱彝尊《經
義考》惟載六卷，且云未見，此本於二十二門之中，僅得七門，而
侵伐一門，尚未及半，蓋編次未竟之本。雖非完書，核其體要，轉
勝所作《春秋傳》也。〔註12〕

《四庫提要》對此書能以禮評斷《春秋》，就經說經，頗爲欣賞，其中便是
屬辭比事方法之運用。《春秋屬辭比事記》今存四卷，其後西河之子遠宗題
識云：

按：《屬辭比事記》十卷，在同門編輯時已亡其半，今無可問矣。諸
門倣成式尚可補綴，然不敢誣罔，闕之已耳。（卷四，頁8）

〔註12〕同註3，見〈春秋屬辭比事記提要〉，卷二十九，頁589。

雖然並非完本，但已可見西河以禮制比屬辭事之方式，條理頗爲明晰。所以
《四庫提要》認爲此書體例精要，反而較西河之《春秋毛氏傳》更勝一籌。

第三節　立門部以統攝條貫

一、立門部之方式

　　西河以《禮記・經解篇》所言「屬辭比事」，作爲研求《春秋》之方法，
《春秋屬辭比事記》云：

> 予傳《春秋》成，已創發四例，而人或不信，因復重闡之，而分禮
> 門部，比屬其辭事之繫禮者，而著之于篇。（卷一，頁2）

「比屬其辭事之繫禮者」，是指以禮說解《春秋》，審辨經文辭事是否合於禮，
西河以此創爲一例，詳見後文之禮例，而「分禮門部」是指依據禮制收歸經
文，加以分門別類，兩者皆言禮，但詳析之，實有不同；分禮門部是屬於外
圍體制，而比屬辭事之繫禮者，則是經文本身之辭事以禮批判，一爲體例之
建立，一爲批判之運用，兩者相須卻並不相等。但由體例之建立，則有助於
發現經文特殊之處，使批判立論有所依據，而這種分禮門部的方式，實爲史
官手法，李塨〈春秋毛氏傳序目〉云：

> 乃取史官記事法，以設門部，經若干條，條若干事，事若干門，門
> 若干部，如同一朝聘門，而有朝部、有聘部，有來朝部、有往朝部，
> 有來朝嗣君、往朝嗣君部，有嗣君來朝、嗣君往朝部，而于是連其
> 書法之通覈，謂之屬辭，較其記事之參變，謂之比事，而予奪見焉，
> 推之二十二門之辭事皆如是矣，是以侵伐有門，盟會有門，前後大
> 小皆得聯絡，于其間條理穿貫，一往明析。（頁2）

李塨以史官記事法來說明立門部的情形。除分立門部外，西河更將其與簡、
策分書之概念結合，強調《春秋》記事原本即有門部，此與簡、策分書之制
度相同，早已存在於先秦，爲各國記事之法則，《春秋毛氏傳》云：

> 誠以《春秋》記事，原有門部，而作志者，則因門爲題，就事立誌，
> 謂之籤題，不謂之綱領。蓋綱領必鼎括其事，而取其要領以爲文。
> 籤題則但誌其門名，而必藉按策以見其事不相侔也。（卷一，頁5）

所謂作志，是指作簡書，西河認爲簡書記事法是依據事情屬於那一個部門，

便標示其題，不必詳述事蹟始末，所以簡書只有籤題，而如果要了解其事之詳情則必須再按覈策書才能得知，因此同一籤題之文，必須檢取策文才能得其異同之處，而此與標示綱領之方式不同，因為綱領必須歸納概括事情始末，但籤題則只是標示題目，不必理合事情原委。《春秋毛氏傳》云：

> 凡此門部先定爲記事之則，而志名者則又另立一籤題以爲門部之標識，至于事之始末詳略皆所不問。（卷一，頁 6）

言「先定爲之記事之則」，實爲西河推測《春秋》簡書記載之情況，也就是將二十二個門部視爲先秦早有之記錄法則，由此，簡、策分書之概念獲得補充，於是分立門部，與簡、策分書之概念可互相貫穿，《春秋毛氏傳》云：

> 向使無策書，則此《春秋》者不過一門部名目，曰：朝耳、會盟耳、侵伐而遷滅之耳，何曾有一事可究竟言之。而謂此名目中有微詞，凡書國、書爵、書名、書氏。皆有義例，豈非夢夢。（卷一，頁 7）

西河認爲《春秋》簡書爲門部名目，必須與策書相參看，才能掌握事情始末，如果單就名目去檢討微言大義，無異於緣木求魚，捨本逐末。但西河以門部名目看待《春秋》，其實無形之中已減低對孔子筆削《春秋》大義之探討，而只強調於掌握史實才能獲得《春秋》原旨，但西河對此並無察覺，而且因爲西河看待《春秋》經文爲門部名目，當然也就無關於微言大義。對此，西河舉例說明，《春秋毛氏傳》云：

1. 如同一朝晉，而成十八年「公如晉」，朝晉君新立也。哀元年「公如晉」（疑有誤，哀元年無如晉之事，據《屬辭比事記》卷一應爲「襄三年」。）則我以新立朝晉君也。

2. 如同一會齊，而莊十三年「公會齊侯盟于柯」，爲平乘丘之敗。二十三年「公會齊侯盟于扈」，爲申結婚姻之好。

3. 同一伐邾，隱七年「公代邾」，爲釋宋怨。僖二十二年（應爲二十一年）「公伐邾」，爲討鄶殺。

4. 同一遷許，而成十五年「許遷于葉」，則許自請遷者。昭九年「許遷于夷」，則係楚逼遷之者。（卷一，頁 6～7）

西河以《春秋》記載「朝晉」、「會齊」、「伐邾」、「遷許」等事，經文同是「如晉」、「會齊侯盟」、「伐邾」、「許遷」，但事實上，卻有不同的事由。這些不同的事由在經文中已消解，而以相同的文辭予以記載，如果捨去事情，就這些文辭上尋找微言大義，其實是捨本逐末，空言立論。由此，西河發現《春秋》

只載事件而不載事由之狀況，於是將這些事件匯歸整理爲二十二個門部，如「朝晉」、「會齊」、「伐邾」、「遷許」等事例，再與其他性質相近之事例彙合，又可歸納爲「朝聘」、「盟會」、「侵伐」、「遷滅」四門。《春秋》經文所載之事例便由此種方式歸納統攝於二十二門部之內，於此，西河引其兄仲齡之說佐證云：

> 先仲氏嘗曰：「《春秋》諸侯大夫死法不一，而經文祇以一卒字盡之。」傳二十四年，「晉侯夷吾卒。」以殺死。昭八年，「陳侯溺卒。」以縊死。桓五年，「陳侯鮑卒。」以狂死。定十四年，「吳子光卒。」以戰傷死。定三年，「邾子穿卒。」以火爛而死。莊三十二年，「叔牙卒。」酖而死，昭四年，「叔孫豹卒。」餓死。二十五年，「叔孫舍卒。」自咒死。二十九年，「叔詣卒。」無疾病死。此其中義例必有不在一卒字中者，而乃第書一卒字，而其義已備。此其故，非深識經文者，不能解也。（卷一，頁7～8）

《春秋》經文一「卒」字，事實上卻有許多情況，因此西河認爲《春秋》簡書爲門部名目，所以只要書一「卒」字標誌其事即可。這種見解，其實朱子早已提及，《朱子語類》云：

> 人道《春秋》難曉，據某理會來，無難曉處。只是據他有這箇事在，據他載得恁地。但是看今年有甚麼事，明年有甚麼事，禮樂征伐不知是自天子出？自諸侯出？自大夫出？只是恁地。而今卻要去一字半字上理會褒貶，卻要去求聖人之意，你如何知得他肚裏事！〔註13〕

這種看待《春秋》載事之態度，其實是對於以字句理會褒貶方式之反彈，朱子已啓其端。至於強調禮樂征伐所出之態度，西河則落實於以禮制歸納門部，雖然西河於《春秋》學中並未提及朱子，但事實上，已承繼朱子反對以字句理會《春秋》褒貶之主張。

二、二十二個門部之內容及其作用

二十二個門部即是《春秋屬辭比事記》之二十二志，《春秋屬辭比事記》原爲十卷，今僅存四卷，（說詳見前）雖然不全，但西河已將門部名目載於《春秋毛氏傳》中，迻錄於下：

〔註13〕見黎靖德編，《朱子語類》卷八十三，頁2144。

　　一、改元（十二公元年）

　　二、即位（十二公即位）

　　三、生子（桓六年子同生）

　　四、立君（隱四年衛人立晉）

　　五、朝聘（朝、來朝、聘、來聘、歸脤、錫命）

　　六、盟會（會、盟、來盟、涖盟、不盟、逃盟、遇、胥命、平、成）

　　七、侵伐（侵、伐、克、入、圍、襲、取、戍、救、帥師、乞師、取師、
　　　　　　棄師、戰、次、追、降、敗、敗績、潰、獲、師還、歸俘、獻捷）

　　八、遷滅（遷、滅、殲、墮、亡）

　　九、昏覯（納幣、逆女、逆婦、求婦、歸、送、致女、來媵、婦至、覯）

一〇、享唁（享、唁）

一一、喪葬（崩、薨、卒、葬、會葬、歸喪、奔喪、賵、賻、含、襚、求金、
　　　　　　錫命）

一二、祭祀（烝、嘗、禘、郊、社、望、雩、作主、有事、大事、朝廟、告
　　　　　　朔、視朔、繹、從祀、獻、萬）

一三、蒐狩（蒐、狩、觀、焚、觀社、大閱）

一四、興作（立宮、築臺、作門觀、丹楹、刻桷、屋壞、毀臺、新廐，築城、
　　　　　　城郭、浚渠、築囿）

一五、甲兵（治甲兵、作丘甲、作三軍、舍中軍）

一六、田賦（稅畝、用田賦、求車、假田、取田、歸田）

一七、豐凶（有年、饑、告糴、無麥苗、無麥禾）

一八、災祥（日食、螟、螽螟、雨雪、雷電、震、雹、星隕、大水、無冰、
　　　　　　災、火、蜚、蜮、多麋、青、不雨、沙鹿崩、山崩、旱、地震、星
　　　　　　孛、六鷁退飛、隕霜殺菽、隕霜不殺草、鸜鵒來巢、獲麟）

一九、出國（如、孫、出奔、出、大去）

二〇、入國（至、入、納、歸、來歸、復歸、來、來奔、逃歸）

二一、盜弒（盜殺、盜、弒、殺）

二二、刑戮（殺、刺、戕、放、執、歸、用、釋、畀、肆眚）（卷一，頁 5
　　　　～6）

由上所列之門部名目，可知西河是將《春秋》經文所載之事件，以禮制性質
相近歸於一類，並立一門部。而經文中之主語則加以省略，由於如此，所以

每個事件也就沒有所謂譏刺褒貶之對象。稱謂褒貶之例也就不復存在，純粹只是史官記事所依據之門部。換言之，亦即簡書所要記錄之範圍有二十二類。綜合而言，西河分立門部，於其《春秋》學中有如下之作用：一、承繼簡、策分書之概念，進而推衍出簡書所依據載事之門類。二、以禮說經之概念，確實落實於《春秋》載事之體制，而經由比屬辭事也就可以由《春秋》載事來說明當時禮制。三、門部既分，褒貶譏刺非由主詞稱謂之差異判斷，而是據經文事理加以辨別。

第四節　因四例以闡明本旨

一、四例之根源

　　西河以「禮」、「事」、「文」、「義」四個角度審辨《春秋》經文，稱為四例，其精神是反對以字句微言看待《春秋》褒貶義旨，而另立省察觀點。其中「事」、「文」、「義」三例是本之《孟子·離婁下》云：

> 王者之迹熄而《詩》亡，《詩》亡然後《春秋》作，晉之《乘》、楚之《檮杌》、魯之《春秋》，一也，其事則齊桓、晉文，其文則史。
>
> 孔子曰：「其義則丘竊取之矣。」〔註14〕

由《孟子》言《春秋》之性質中，歸納出三個要素：

> 事－齊桓、晉文。
>
> 文－史。
>
> 義－孔子所興發。

西河依此立說，並且再加上禮例，西河認為《春秋》與禮之關係十分密切，如《左傳》隱七年傳云：

> 凡諸侯同盟，於是稱名，故薨則赴以名，告終稱嗣也。以繼好息民，謂之禮經。

杜預注云：

> 此言凡例乃周公所制禮經也。〔註15〕

又：《左傳》昭二年傳云：

〔註14〕同註9，頁146。
〔註15〕同註6，卷四，頁72。

晉侯使韓宣子來聘，且告爲政而來見。禮也。觀書於大史氏。見《易
象》與《魯春秋》，曰：「周禮盡在魯矣。吾乃今知周公之德與周之
所以王也。」〔註16〕

西河認爲所謂禮經是指《春秋》所依據之禮例，並強調褒貶是據禮爲斷，而
非字句間尋求微言大義，對於西河以禮說《春秋》，《四庫全書總目・春秋毛
氏傳提要》云：

> 自昔說《春秋》者，但明義例，至宋張大亨始分五種，而元吳澄因
> 之，然粗具梗槩而已。奇齡是書，分改元、即位、生子……凡二十
> 二門，又總該以四例，曰禮例、曰事例、曰文例、曰義例。然門例
> 雖分，而卷之先後，以經爲次，無割裂分隸之嫌，較他家體例爲善。
>
> 〔註17〕

可見以禮說《春秋》，在西河之前，已有人啓之。張大亨有《春秋通訓》十六
卷，已佚，朱彝尊《經義考》載其自序云：

> 少聞《春秋》於趙郡和仲先生，某初蓋嘗作《例宗》，論立例之大要
> 矣。先生曰：「此書自有妙用，學者罕能領會，多求之繩約中，乃近
> 法家者流，苛細繳繞，竟亦何用。惟邱明識其用，然不肯盡談，微
> 見端兆，使學者自得之。」予從事斯語，十有餘年，始得其彷彿。《通
> 訓》之學，所謂去例以求經，略微文而視大體者也。

《經義考》所引是抄自陳振孫《直齋書錄解題》，陳氏疑「趙郡和仲」即是東
坡，而朱彝尊則指出蘇籀《雙溪集・遺言》中載有此語。〔註 18〕所謂「去例
以求經，略微文而視大體」，實與西河所言：「偶有同異，而義無不同……事

〔註16〕同註6，卷四十二，頁718。

〔註17〕同註3，卷二十九，頁587。

〔註18〕陳振孫撰，《直齋書錄解題》卷三云：「東坡一字和仲，所謂趙郡和仲，其東
坡乎？」頁62，朱彝尊之《經義考》卷一百八十三引陳振孫《直齋書錄解題》
所錄張大亨《春秋通訓》之自序後云：「按：蘇籀《雙溪集》、載嘉父以《春
秋》義問東坡……其書今載續集中，嘉父自序稱：少聞《春秋》於趙郡和仲
先生者，蓋此書也。」頁3。蘇籀撰，《雙溪集・遺言》云：「公少年與坡公治
《春秋》，公嘗作論，明聖人喜怒好惡，譏《公》、《穀》以日月土地爲訓，其
說固自得之，元祐間，後進如張大亨嘉父亦攻此學。大亨以問坡，坡答書云：
『《春秋》，儒者本務，此書有妙用，學者罕能領會，多求之繩約中，乃近法
家者流，苛細繳繞，竟亦何用，惟邱明識其用，終不肯盡談，微見端兆，欲
使學者自求之。』故僕以爲難，未敢輕論也。」收入《叢書集成新編》第六
三冊，頁324。

之相似者，而褒譏與功罪見焉，即不相似者，而褒譏功罪亦無往不見焉。」（見《春秋屬辭比事記》卷一）之說法相近，兩者皆強調去例而求大體。至於元吳澄有《春秋纂言》十二卷、〈總例〉一卷，其見解與張大亨相近，《四庫提要》認爲吳澄非蹈襲之人，可能爲闇合，但體例仍未協。〔註19〕而西河就經文歸納，並非以禮爲門類，再將經文填入，主從之間，實較勝一籌，所以《四庫提要》頗稱許西河《春秋毛氏傳》之體例。而於《春秋》學之研究歷史中，則可見西河以禮說經之淵源脈絡，以及後出轉精之處。

至於西河所立之「事」、「文」、「義」三例，則源出《孟子》。（說詳見前）由於性質相近，可以一併探討。對於《孟子》這段文句，趙岐注云：

> 《春秋》以二始舉四時，記萬事之名，其事則五霸所理也。桓、文，五霸之盛者，故舉之。其文，史記之文也。孔子自謂竊取之以爲素王也。孔子人臣，不受君命、私作之，故言竊，亦聖人之謙辭爾。
>
> 〔註20〕

趙氏以孔子乃素王之概念來申明《春秋》撰作之義，焦循《孟子正義》則強調「義」爲貶刺撥亂，〔註21〕可見疏解《孟子》者，乃是強調孔子之政治訴求，但西河詮釋《孟子》所言之「義」，則強調《春秋》所呈現之意旨，雖然沒有完全拋棄褒貶譏刺之見解，但對於孔子素王或撥亂反正之政治訴求卻已降低，轉而強調對《春秋》經文中所表現義理之深究。簡言之，前人理解《孟子》這段文字，重點在於孔子，至於素王，或撥亂反正之說解，乃是自孔子性格中衍生而出。而西河理解《孟子》這段文字，重點是在《春秋》，所以對「事」、「文」、「義」是同等重視，而非僅著重於孔子所竊之「義」一端。固然此爲說解《春秋》與《孟子》立論本體不同所產生之差異，其實也是因爲西河強調對《春秋》事情之研究，而反對將《春秋》視爲政治訴求之工具。而這種強調研求《春秋》事情之見解，事實上，也可溯源於宋儒，朱子便曾言之，《朱子語類》卷八十三云：

〔註19〕〈春秋纂言提要〉云：「其天道、人紀二例，澄所創作，餘吉、凶、軍、賓、嘉五例，則與宋張大亨《春秋五體例宗》，互相出入，似乎蹈襲，然澄非蹈襲人書者，蓋澄之學派，兼出於金谿新安之間，而大亨之學派，則出於蘇氏，澄殆以門戶不同，未觀其書，故與之闇合而不知也。然其縷析條分，則較大亨爲密矣，至於經文行款，多所割裂，而經之闕文，亦皆補以方空，於體例殊爲未協。」同註3，卷二十八，頁553～554。

〔註20〕同註9，頁146。

〔註21〕焦循著《孟子正義》卷十六〈離婁章句下〉，頁575。

《春秋》只是直載當時之事，要見當時治亂興衰，非是於一字上定
褒貶。〔註22〕

問《春秋》，曰：「此是聖人據魯史以書其事，使人自觀之以爲鑒戒
爾。其事則齊威、晉文有足稱，其義則誅亂臣賊子。若欲推求一字
之間，以爲聖人褒善貶惡專在於是，竊恐不是聖人之意。」（註同前）

《春秋》傳例多不可信，聖人記事，安有許多義例。（註同前）

朱子排斥以字句義例說解《春秋》，強調《春秋》是直載其事，西河之主張與之
相同。朱子之後，元趙汸之《春秋師說》也是強調說《春秋》當求事情，云：

說《春秋》當求事情，事情不得，而能說《春秋》者，未之聞也。……
此所謂事情，此所謂以經證傳，亦復以傳證經也。〔註23〕

所謂之「師說」是指黃澤，趙汸發揚其師之見解作此書，其經傳互證與西河
強調以經解經之主張稍異，但研求事情之態度則相同。由此可見西河所提之
見解實前有所承。全祖望〈蕭山毛檢討別傳〉云：

西河談經，於是幷漢以後人俱不得免，而其所最切齒者，爲宋人，
宋人之中，最切齒者，爲朱子。〔註24〕

但西河說解《春秋》的許多見解卻與宋儒遙相契合，尤其與朱子相近，只是
朱子僅見於言論，西河則實際從事於注解之中，並將事情之研求，以「事」、
「文」、「義」三例作爲規範加以落實，《春秋毛氏傳》云：

予嘗平情諦觀，竊彙十二公，二百四十二年，一千八百餘條經文，
而統以四例概之。（卷一，頁11）

言「平情諦觀」，強調擺脫前人所立之義例，直接以經文爲斷，並以四例作爲
審辨經文之觀點，來呈顯《春秋》之原旨。

二、四例之內容及其應用

（一）禮　例

西河認爲《春秋》經文是志其典禮，所以必須以禮作爲衡量事情，審定
褒貶之標準，《春秋毛氏傳》云：

一曰：「禮例」，謂《春秋》二十二門皆典禮也。晉韓宣子觀《魯春

〔註22〕同註13，卷八十三，頁2144～2147。
〔註23〕見趙汸著《春秋師說》卷下，頁288～289。
〔註24〕見全祖望著《鮚埼亭集·外編》卷十二〈蕭山毛檢討別傳〉，頁826。

秋》曰：「周禮盡在魯矣。」言《春秋》一書，以禮爲例。故《左傳》
于隱七年書名例云：「諸侯策告謂之禮經。」而杜註與孔疏皆云：「發
凡起例，悉本周制。」所謂禮經，即《春秋》之例也。故孔疏又云：
「合典法者，即在褒例，違禮度者，即在貶例。」凡所褒貶，皆據
禮以斷，並不在字句之間，故曰：「禮例」。（卷一，頁11～12）

西河認爲二十二門部皆是典禮，西河以禮說《春秋》有兩層意義：一是收歸統
攝時，依禮爲據，典禮性質相近歸於一類，所以門部名目皆是典禮。二是門部
內所載之事，可以考見當時典禮，並可據以評斷是否合理。前者西河認爲是《春
秋》簡書作志之體例，後者則爲屬辭比事以禮爲斷之運用。說詳見前。此處西
河所言較偏向於說明《春秋》之體例。於此，《春秋毛氏傳》說明云：

今試觀《春秋》二十二門有一非典禮所固有者乎？毋論已元、即位、
朝聘、盟會，以至征伐、喪祭、蒐狩、興作、豐凶、災祥。無非吉、
凶、軍、賓、嘉五禮成數。即公行、告至、討賊、征亂，及司寇、
刑辟、刺放、赦宥，有何一非周禮中事，而《春秋》一千八百餘條，
櫛比皆是，是非禮乎？（卷一，頁12）

可見《春秋》載事皆在周禮範圍之內，二十二個門部皆是典禮，其後西河引
孔疏，認爲褒貶是由禮之違合判斷，所以文中說明禮制體例轉爲強調屬辭比
事之運用，論述重點移至第二層意義，也就是以禮作爲判別之標準。《春秋毛
氏傳》云：

故讀《春秋》者，但據禮以定筆削，而夫子所爲褒、所爲貶，概可
見也。（卷一，頁12）

可見禮例是西河用來評判褒貶之標準，所以說解《春秋》時，便常指出禮例
來佐助說明，如《春秋毛氏傳》隱年經：「日有食之。」下云：

禮重天行，凡災祥眚戾，雲妖物變，皆關典例，故史官遇此則必以
禮例書。然又屬事者，以無非人事所感，雖災本天行，然亦事也。（卷
四，頁1）

西河認爲天行災祥，史官必記，此爲禮例。但也可以見其人事，因爲天人相感，
所以《春秋》記載災祥之事件，除誌其乖異常態的自然現象外，也透露人事的
得失，而論其載事之典則，則爲禮例，察其人謀之臧否，便是事例。兩者可相
通，但省察角度不同。又《春秋毛氏傳》哀十四年經：「西狩獲麟。」下云：

狩者，冬獵之名，春而名狩，以周之春，即夏之冬也。西，魯西也。

麟，獸名，不恒見者。書狩，禮例。書所獲，則文例也。（卷三十六，頁 17）

狩爲典禮，書符爲禮例，爲史官載事之則。但一般只載地點不言所獲，而今書「獲麟」，除誌其不恒見之外，也有其變文書寫之深層含意，但西河並未詳加說明，只是指出其中有「文例」。由此可見「禮例」是按禮直書，至於變文書寫，有附加之含意，則爲「文例」，又《春秋毛氏傳》桓八年經：「丁丑烝。」下云：

烝，冬祭也。夏五月則春三月矣。此時當祠而復烝，何也？且前已烝矣。何再烝也。此禮也，而義見焉。（卷七，頁 13）

經文記載祭祠爲禮例，但時間不恰當，而且又有重覆，雖是禮例，也可見貶斥祭祠失時之義。以上所舉之例，乃是「禮例」與其他三例配合來佐助說明，西河之四例是省察《春秋》的四個角度，所以有時一條經文，可以有不同角度之探究。禮例是強調史官據禮而書。《春秋毛氏傳》文四年經：「夫人風氏薨。」下云：

此禮例也，夫人者，莊之媵、僖之母也。媵無稱夫人者，惟其子嗣位，則母以子貴，正名夫人，以子既爲君，則邦人上下不敢于君之母有異稱也。……《春秋》書法謹嚴，全在比例，後此以子貴正夫人者三，一宣八年，一襄四年，一昭十一年，皆先書夫人某氏，而後書我小君某氏，前後一例，並無異詞，則此在魯行之謂之禮，而在史官書之，即謂之例，故曰：此禮例也。（卷十八，頁 16）

母以子貴，既然子爲國君，雖然母親爲媵，乃然稱爲夫人，此在國爲禮制，史官據此而書，則爲禮例。總之，邦國之內，或國際之間，有一定之典禮儀節，史官據實而書，此爲禮例，由《春秋》之禮例，可以考見當時之禮制，所以《春秋毛氏傳》桓元年經：「公即位。」下云：

韓宣子見《春秋》曰：「周禮盡在魯。」則周禮巳亡，《春秋》實可論禮，予定《春秋》例，而以禮例當四例之首，豈無謂也。（卷六，頁 3）

可見西河立禮例爲首，乃是強調由《春秋》來論周禮。

（二）事　例

《孟子·離婁下》云：「其事則齊桓·晉文。」西河承此，作爲詮釋《春秋》之方法，強調審辨經文之脈絡而得其史實，《春秋毛氏傳》云：

二曰：「事例」，則以二十二門，一千八百餘條，無非事也。《周禮·

內史職》曰：「讀四方之書事。」〈左氏傳序〉：「史官掌邦國四方之
事。」又云：「大事書之于策，小則書之簡牘。」故《公羊疏》云：
「《春秋》記人君動作之事。」而《漢史》亦云：「右史記事，事爲
《春秋》。」是以《孟子》論《春秋》，特開一例曰：「其事則齊桓、
晉文。」謂就事而計其寡多，較其大小輕重，而是非可驗。今齊、
晉之事皆重大事也。莊、僖之間，其所記，亦惟齊、晉之事爲較多
也。重與大則責備嚴多，則前後氏仰而未易以輕定。（卷一，頁 12）

西河認爲《春秋》所載皆是當時之事件，至於《孟子》爲何言「其事則齊桓、
晉文」。西河認爲春秋時代，齊、桓所發生之事，大都關係到各國，影響較爲深
遠，所以《春秋》記載齊、晉之事，也就較爲詳盡。而《春秋》所載既是當時
事件，對於這些事情也就必須加以審辨，所以西河言：「就事而計其寡多，較其
大小輕重，而是非可驗。」但強調以「寡多」、「大小輕重」評判事情，似乎太
偏重效應，著重功利之論斷。朱子便曾批評《左傳》「以成敗論是非，而不本於
義理之正。」〔註25〕所以如此重視大小輕重，是否會因而陷入功利主義中，而
淪爲朱子所批評之「不本於義理之正。」但由西河言「是非可驗」，似乎「寡多」
與「大小輕重」，只是導引是非判斷的必要而非充分條件，所以「寡多」與「輕
重」並非判斷是非的唯一標準。總之，西河以事例來評判事情，探究《春秋》
載事的原意。因此也就必須條貫經文，得其脈絡承訖之實，才能加以判斷。所
以西河認爲《春秋》經文有其義理，並非斷爛，《春秋毛氏傳》云：

故鄭伯克段，齊、鄭入郕，事關名教，則雖屬一節，而實繫重大。
終隱、桓、莊三世，專記國之存亡凡二十一條，則雖細而必不可忽。
終《春秋》二百四十二年，雜記宋、鄭、陳三國東西奔命之節，無
刻之間，則雖舉動琛琛，亦必備核之而不敢略。他如郭亡、梁亡，
事有闕漏，尹氏，子氏，事有訛誤。圍成、圍郕，事有混同。去樂、
去籥，事有蒙昧，則概從而檢較之，又其餘也。此又一例也。（卷一，
頁 12～13）

所謂「檢較」，即是「條貫」之工夫，由條貫得其史實，才能判別是非，明辨
褒貶，若未得實情，遽言是非，則《春秋》成爲羅織經，所以西河設此例來
審辨《春秋》經文，並佐助說解《春秋》。如《春秋毛氏傳》隱三年經：「武
氏子來求賻。」下云：

〔註25〕同註13，卷八十三，頁 2149。

歸脹，禮也。求賻，非禮也，事也。曰有此事焉爾。（卷四，頁7）

可見有時發生不合禮制之事，《春秋》則據事實書，來記錄此事，此爲「事例」。
又隱二年經：「鄭人伐衛。」下云：

> 據傳：隱元年，鄭共叔之亂，其子公孫滑出奔衛，衛人爲之伐鄭，
> 取廩延，至是鄭伐衛，討滑亂也。其稱人，不知帥師者爲誰也。伐
> 者，聲罪而致討也。此非有書法，皆實錄也。然而討滑亂不書，而
> 止書伐衛，則事也，而文在其中焉。……此書伐衛，所伐在衛，不
> 在滑也。此實魯史書之，夫子修之，以示爲人君父而遇人倫之不幸，
> 皆當親親是懷，不殺不絕。（卷三，頁15～16）

由《左傳》之記載，知此爲伐公孫滑之亂，但經文卻書「伐衛」，可見其中有
曲筆之處，強調所伐在衛，而非公孫滑，此爲人倫親親之道，所以書「伐衛」
是據事實錄，但也有特殊的筆法在其中，而據事實錄之精神，便爲「事例」。
又隱五年經：「公觀魚于棠。」下云：

> 但書事而義已見焉。（卷四，頁16）

強調記載其事，即可知其是非，義見則爲「義例」，書事則是「事例」。而事
不單行，其中有因果承啓，有是非判斷，所以西河屢屢強調書事而善惡自見，
如《春秋毛氏傳》昭二十五年經：「叔詣會晉趙鞅、宋樂大心，衛北宮喜、鄭
游吉、曹人、邾人、滕人、薛人、小邾人于黃父。」下云：

> 夫《春秋》書事，何曾有美刺之字見于文間，第書事而善惡自見，
> 此即例也。……不善解者，但求其字于文間，而求之不得，則又舍
> 本文而別求他義，烏知大義炳然，要皆本文所固有乎。（卷三十二，
> 頁1～2）

西河申明美刺非見於文字，而是要求得事情之實，如此，善惡炳然可見，而
如果求於字句之間，則勢必穿鑿歧出，迷途而不返，所以西河立「事例」，便
是強調《春秋》是據事直書之實錄。

（三）文　例

西河之文例是指史文之例，而非由字句間尋求褒貶暗示之義例，《春秋毛
氏傳》云：

> 三曰：「文例」。則史文之法也。《孟子》曰：「其文則史。」大凡史
> 官記事，從列國來者，謂之赴告，從本國登者，謂之記注，而合而
> 成爲策書，則謂之文。（卷一，頁13）

西河認爲策書是彙集本國之記注與外國之赴告而成，其登錄之文字是「文，而登錄書寫之法式，即是「文例」，《春秋毛氏傳》云：

> 苐文有文法。《左傳》定四年稱：「備物典策以賜伯禽。」註謂：「典策即史官記事之法。」是史官記事，另有法式，名爲文法。亦名爲書法。而統以文字概之。〈杜氏序〉所云：「文之所害則刊而正之」是也。（卷一，頁13）

西河強調史官記事有其法式，並且可從文字上觀察出來，因此可藉文字而上窺史官記事之法則及用意。但西河一再申明，反對單從字面推敲褒貶就認爲是史官之書法，《春秋毛氏傳》云：

> 但舊亦以文爲例，而此云文例，則以無例爲一例。如舊謂書國、書爵、書人、書氏、書時、書日皆例也。而今皆無之。以爲史之例：可書國；可不書國，可書人，書爵、書人；並可不書人、書爵、書日。何則？例固然也。（卷一，頁13）

西河強調所立之「文例」，並非以往以字句評斷褒貶之方式，所謂「以無例爲一例。」便是認爲「文例」並無固定僵化的文字義例，例如稱謂褒貶例，西河便認爲並非史官書法的重點，所以應該加以排除。但《春秋》經文的文字使用，卻仍然可以見其愼重之處，因此西河立「文例」一例加以顯揚，《春秋毛氏傳》云：

> 又以有例爲一例：如鄭伯伐衛，本討滑之亂。而鄭莊不忍誅滑，但伐衛而返。而史祗書伐衛而不書討亂。齊人伐衛，本奉惠王命，而齊桓身不親軍，但遣師而還，則史祗書伐衛，而不書奉命。至於宣公奔齊喪，而史書公如齊，所以諱國。王使來徵聘，而史書仲孫蔑如京師，所以諱王。此皆從文起例，而予奪自明，並非齊人、鄭伯、書公、書蔑之所可優劣，以爲文例如是。（卷一，頁13～14）

由於史官記事十分謹愼，往往能一針見血地披露事實，由此便可見其予奪褒貶之處，所以予奪是根據史實爲基礎，而不是在稱謂文字上猜測。簡言之，由掌握史實，再與《春秋》經文所載之文字比較，得其褒貶書法，此爲「文例」，而以往以《春秋》經文的文字稱謂定其褒貶，再以事情佐助說明之方式，顯然本末顛倒，西河認爲此非官書法。所以西河立「文例」，導正以往尋求字句褒貶之方式，而用於說解《春秋》，來指引經文書寫有何曲筆迴護，或有褒貶用意之處。如《春秋毛氏傳》僖十五年經：「晉侯及秦伯戰于韓，獲晉侯。」下云：

> 是役秦爲政，而書晉及者，以晉侯不德，自有以召之也。此文例也。
> （卷十五，頁 8）

此役爲秦伐晉，但晉惠公先詐騙秦國，所以經書「晉侯及秦伯戰。」使人覺得晉惠公主動邀戰，咎由自取，此爲「文例」。又文十五年經：「齊人來歸子叔姬。」下云：

> 此歸，大歸也。夫死、子殺、賊人立，無所依則歸所自來，此是恒禮，但此與文公出姜同一不幸，且同一大歸，而出姜則書夫人姜氏歸于齊，于此則書齊人來歸子叔姬，以出姜歸齊，姜自爲之，子叔姬來歸，則齊人爲之也。此文例也。（卷十九，頁 18）

經書「齊人來歸。」便是標示齊人爲此事主因。可見《春秋》直載其事時，文字十分愼重，除對事情緣由加以披露外，也使褒貶之對象無所逃遁。而除書寫其事爲文例，西河認爲不書也是文例之運用。如《春秋毛氏傳》成二年經：「楚師、鄭師侵衛。」下云：

> 時楚師救齊，以魯、衛皆在晉軍，遂移師侵衛，幷侵我及陽橋。孟孫請賂之，乃以執築，執針織紝，皆百人，幷公衡爲質，楚人許平，其不書侵我，幷納質，諱國辱也。此文例也。（卷二十二，頁 7）

由於事關國辱，所以《春秋》不書以諱之，西河認爲此爲文例，而不書除諱書辱之外，也可以表現譏刺之意。如《春秋毛氏傳》成二年經：「公及楚人、秦人、宋人、陳人、衛人、鄭人、齊人、曹人、邾人、薛人、鄫人盟于蜀。」下云：

> 傳稱楚共王不在軍，而蔡景公當王車之左，許靈公當王車之右，是二君者，共乘一車，衹得爲楚王車左右之御士，非國君也。故不書，此文例也。（卷二十二，頁 8）

據《左傳》所載，蔡侯、許男也在盟會之列，但蔡、許兩國君，自貶身分，爲楚王車之左右，所以《春秋》不書蔡侯、許君，因爲其行爲已非國君之身分，所以不書，來譏刺兩國君自失身分。所以不書之例，除用以諱辱，也可用以譏刺。此外，文例也有連書以見者。如《春秋毛氏傳》僖十七年經：「九月，公至自會。」下云：

> 此告至也，公減項見執，猶有他事而仍書至會者，以告出在會淮也。《春秋》文例有專見者，有連事以見者，此合上減項、會下皆連事見意，故三事三書，各無義例，必合觀而意始見焉，所謂文也。蓋減項不書國，公執不見經，告至書自會，皆諱國惡，而簡、策既分，

則策書所載，簡並無有，向使無會卞一事，則經意晦矣，故經書滅
項，知是魯事，何也？以不書國滅也。乃無故而夫人忽會卞，則于
是較策而知執公焉，但夫人會卞，安知非文姜會襄，自爲出入，且
其書法又與文姜會襄無異，安知爲公請而爲公急難，乃接書曰：「公
至自會。」則于是又較策，而知爲公請焉。……此皆夫子書法，一
本造化，單事、連事，但直書而義無不見，並非月、日、名、氏一
字增損便可妄稱文例也。（卷十五，頁 10～11）

西河以《春秋》僖十六年經：「公會齊侯、宋公、陳侯、衛侯、鄭伯、許男、
邢侯、曹伯于淮。」十七年經：「夏，滅項。」「秋，夫人姜氏會齊侯于卞。」
「九月，公至自會。」四條經文條貫，認爲是一事相連，由於魯國滅項，所
以僖公被齊侯留滯，因爲夫人會齊侯於卞，事才獲解，《春秋》書此事，爲諱
國辱，所以文辭隱隱約約，但條貫而下，仍然可以知其意，西河認爲此爲孔
子之書法，不管單事、連事，直書其事而義無不見，此即「文例」。

（四）義　例

　　西河所立之例，皆是爲求得《春秋》之意旨，義例乃是綜合前文所言之
審辨方式。《春秋毛氏傳》云：

四曰：「義例」。則直通貫乎禮與事與文之間，天下有禮與事與文而
無義者乎？董仲舒云：「爲人君父者，不可不通《春秋》之義。」〈杜
氏序〉云：「文約則義微。」誠以事與禮與文，莫不有義，義者，意
也，亦旨也。即予奪進退褒譏美刺之微旨也。是以禮有違合，事有
善惡，文有隱顯，而褒譏美刺皆得以直行其間。《孟子》曰：「其義
則丘竊取之矣。」蓋取此例矣。（卷一，頁 14）

西河認爲四例相關聯，皆是用來指陳《春秋》之意旨，其中義例便是用來判
別禮之違合、審辨事情之是非輕重、明析史文之顯隱，所綜合歸納之方法。
能掌握義例，也就可以掌握《春秋》予奪進退、褒譏美刺之微旨。由於禮、
事、文三例都以義例爲呈顯之結果，所以西河說解《春秋》時，則指出有禮
例而見其義者。如《春秋毛氏傳》隱五年經：「初獻六羽。」下云：

諸侯用六，則繼室別宮當用四，其用六亦僭也。此禮也，而義行焉。

（卷四，頁 17）

「初獻六羽」爲仲子之廟新成所定羽舞之數，用六羽已僭越禮制，由此可見
禮制之隳壞。此爲書禮以見義。

此外，也有書事以見義者，如僖二十三年經：「齊侯伐宋，圍緡。」下云：

> 齊孝公爲宋襄所納，而曹南之盟，齊並不與，反與諸國謀宋，盟于齊地。今又專行討伐，且怨乎甂之敗，齊志在爭伯，非爲納君也。《春秋》假借仁信，終必敗露，況襄又行詐之尤者，乃蹶不旋踵，彼車我徒，皆蹳蹞及之，欺世之事可爲乎？所謂但書事而義自見者，《春秋》有焉。（卷十六，頁4～5）

西河認爲宋襄爭霸是假仁假信，所以宋襄敗後，諸國兵馬蹳跡而至，即可見宋襄仁信未厚，《春秋》直書其事，而行詐欺僞，終必敗露。所謂書事而義見者。

此外，西河說解《春秋》也有指出由文例而見其義者，如隱十年經：「辛未取郜、辛巳取防。」下云：

> 其但書我取而拜不及鄭師之歸者，文也。且我之敗之者，事也。但書我敗之，而全不及二國，一若此時無二國之師者，文也，亦義也。（卷五，頁11～12）

魯國聯合齊、鄭伐宋，而鄭取郜及防兩邑，皆歸於魯，西河認爲《春秋》經文沒有提及齊、鄭兩國，便是文例，因爲罪罰顯然必須由魯國全部承擔，此爲義例。

以上爲由禮例、事例、文例而見其義。此外，西河說解《春秋》時，也有指出事、禮、義皆見者，如桓七年經：「焚咸丘。」下云：

> 焚者，火田也。《爾雅》：「火田爲狩。」則蒐狩之禮，原有火田一法，但農隙教戰，不止從禽，今于四時習鬥諸禮，概不之問，而第火田以爲樂，此與觀魚、觀社何異，故或書其事而禮見、義亦見焉。（卷七，頁11）

《春秋》本是志其典禮，而事非典則，則可見國君不能時習禮節，而以逸樂爲目的，失去禮的內涵，《春秋》書其事，可見其失禮、違義之處。

總之，西河以禮、事、文、義四例相配合，來表彰《春秋》之意旨。李塨〈春秋毛氏傳序目〉便闡述西河四例之應用云：

> 任取經文一條，而初觀其禮，繼審其事，繼核其文，又繼定其義，而經之予奪進退，無出此者。（頁3）

可見四例之運用是互相關聯，並且有其順序，由禮而事，由事而文，最後歸結於意旨的深究。而西河在說解《春秋》經文時，便因此常指出經文特殊之處爲何例，來佐助說明，更進而表彰《春秋》予奪褒譏之旨。而最後這種表

彰呈顯之工夫，便是「義例」之運用。

第四章　毛西河《春秋》學之得失

第一節　強調以經解經之特識

一、重經不重傳

　　諸經之中，一般儒者認為《春秋》是依傳為說，但西河治《春秋》學，一再申明是依經為說，認為經文有條貫之義理，是傳文所無法取代。《春秋條貫篇》卷一云：

> 且夫經有條貫，傳無條貫。……蓋其事之蛛絲馬跡，歷歷有穿弗如此，此幷非丘明策書所得而條遞之者。（頁2）

西河強調經文能顯示春秋諸事之蛛絲馬跡，因而可以條貫而得其事實，此蛛絲馬跡並非全然由《左傳》之記載得來，而是經文本身就已具有，所以西河認為經文有其獨立之研讀價值。李塨〈春秋毛氏傳序目〉引述西河之言云：

> 夫治經非棄傳也。經賴傳以見，而可棄乎？然而吾治經云耳？因立一例曰：「以傳釋經，不以經釋傳。」蓋惟恐如取士之以經從傳也。
> （頁2）

除鑑於取士重視傳文，使經文反就傳文之陋習外，其實也是因為《春秋》三傳彼此同異參錯，難以究讀，李塨〈春秋毛氏傳序目〉申論其說云：

> 而三傳同異參錯不決，即轉而求之諸儒之釋文與釋義，而意旨雜出，率繆誤而不可為法，則直舉而棄置之。曰：「非聖經也。」不立學、不令取士，而《春秋》亡矣。顧無學之徒，強起補救，自出其臆説，

而反使聖人之旨詘而就我，以爲可以立學，可以取士，而世之取士
者，即用其所爲說，標以爲題，而聖人之旨，渺無聞焉。（頁 1）

由於三傳意旨雜出，遂啓後人以臆說解經，西河則強調解經必須符合聖人原
意，一切取決於經文本身之意旨，《春秋毛氏傳》便一再申明此見，桓八年經：
「祭公來，遂逆王后于紀。」下云：

先仲氏曰：「善解經者當以傳解經，不當以經解傳。」予謂：「善解
經者當以經解經，幷不當以傳解經。」夫傳尚不可解經，而況于儒
說。（卷七，頁 17）

西河引述其兄以傳解經之見解，申明經傳之主從關係，並且更進一步提出「以
經解經」之主張，確立《春秋》經文本身之獨立價值，至於對諸儒解說之態
度，李塨〈春秋毛氏傳序目〉述西河《春秋》學云：

而至于唐後諸儒，則雖備觀其說而百無一合者，大率棄置不不（疑
衍）屑道。（頁 2）

西河解說《春秋》，強調以經證經，不以傳證經，並且排斥諸儒解說，是因爲
諸儒說解《春秋》不符聖人之旨，不合《春秋》經文原意，《春秋毛氏傳》桓
五年經：「大雩」下云：

故吾謂此所謂書雩，斷屬旱祭，誠非妄言，即以此經觀之，書雩之
後，繼書以螽，螽者，蝗屬，旱則生之，可驗也。人以傳證經，吾
以經證經。（卷七，頁 6）

由於經文書雩之後即書螽，據此可知雩爲旱祭，因爲蝗災是有旱象才會產生，
經文本身便透露這種自然的關聯，西河取以爲證，認爲其價值遠勝於依傳爲
說。《春秋毛氏傳》莊十七年經：「春，齊人執鄭詹。」下云：

前鄭突初復國時，適宋亂初平，齊兩會于鄄，使鄭、宋連盟以服伯
主。此齊桓用心。而自春徂秋，盟未寒而鄭忽侵宋，此所以復來齊、
宋、衛三國之伐也。今伐猶未伏，而鄭使忽至則執之，此實校之經
而歷可按者。若傳云：「爲鄭不朝。」則桓新立當朝，突新復國又當
朝，今皆非其時矣。至《公》、《穀》云：「惡佞。」則何以知詹爲佞
人，此則更無理者，予故曰：「以傳解經，必不如以經解經。」即此
是也。（卷十一，頁 1）

由於連貫經文，可知齊、鄭宋平，所以齊執鄭使，至於《左傳》、《公》、《穀》
之說法，西河則加以駁斥，認爲昧於事實，不符《春秋》經文原意，自然不

能解經。《春秋毛氏傳》僖三十一年經:「春,取濟西田。」下云:

> 人欲傳《春秋》,而不于《春秋》全經一通讀之,可謂知《春秋》者
> 乎?吾故曰:「不以經解經,而以傳解經,則雖《左氏》尚有誤,況
> 其他也。」(卷十七,頁13)

由於《春秋》經文彼此有連貫,所以解經必須通貫全經,才能以經解經,以
經證經。而傳文本是佐助說解經文,但如果與經文衝突,不能通貫時,則應
該加以釐清,甚至加以駁斥,不應盲目崇信,因此西河說解《春秋》時,便
常據經駁傳,如《春秋毛氏傳》成三年經:「公會晉侯、宋公、衛侯、曹伯伐
鄭。」下云:

> 前陽橋之役,鄭從楚侵衛及魯,魯、衛惡之,至是會晉師幷曹、宋
> 伐鄭,《左氏》誤謂討邲之役,夫邲之戰在宣十二年,是時楚方伐鄭,
> 鄭幾滅矣。晉以救鄭而致敗,與鄭何憾?至十四年,鄭以晉敗,故
> 如楚謀晉,而于是晉討鄭貳。經書晉侯伐鄭見在也。今相距十一年,
> 經明書楚師、鄭師伐衛,而此請大國之師,方合諸侯以報之,而仍
> 曰:「討邲之役。」其于夫子之經,一概悖盡。吾故曰:「《左傳》策
> 書,但當敘事,若偶出一意以解經文,必致大誤。」即此是也。(卷
> 二十六,頁8~9)

西河據經文之記載,駁《左傳》解經有誤,認爲《左傳》說明此事之緣由,時
序上有舛誤,反而使伐鄭原因曖昧不清,所以西河認爲《左傳》敘事可據,但
解經則必須加以存疑。至於《春秋毛氏傳》中,駁《公》、《穀》、《胡傳》之處,
更是屢屢可見,詳見第一章,此不贅言。總之,西河駁斥諸傳,意在恢復《春
秋》本經之地位,《春秋毛氏傳》襄四年經:「夏,叔孫豹如晉。」下云:

> 吾但知有經,而不知有傳,夫然後夫子之《春秋》見焉。然則經之
> 沒于傳也不既多乎。(卷二十四,頁7)

可見西河重視經文所顯之事理,強調由經文本身互相印證,才能得見《春
秋》之原旨,而如果由傳文來了解經文,只會使經文的原來面目多了一層障
蔽,對此,西河十分感慨,認爲這種以傳解經的方式,使《春秋》的許多精
義隱沒不彰,李塨〈春秋毛氏傳序目〉歸納其說云:

> 于是又立一例曰:「以經釋經,不以傳釋經。」任取經文一條,而初
> 觀其禮,繼審其事,繼核其文,又繼定其義。而經之予奪進退,無
> 出此者,始以爲《春秋》爲經不傳事,而傳事固如此,以爲無緒無

條理，并無穿貫，而其緒與條理穿貫又如此。如此而猶謂《春秋》

之亡，非藉是書以存之不得矣。（頁3）

可見西河所立禮、事、文、義四例之最終原則，便是「以經釋經，不以傳釋

經」，務求呈顯《春秋》經文之原旨。所以李塨認爲《春秋毛氏傳》可以恢復

《春秋》亡失的面貌，雖然彰顯師說，不免有過譽之處，但「以經解經」確

實是西河治《春秋》學之鵠的，而這種訴諸原典的態度確屬可取。

二、以《春秋傳》彰顯筮法

呂思勉《經子解題》云：「《易》與《春秋》相爲表裏。蓋孔門治天下之

道，其原理在《易》，其辦法則在《春秋》也。」〔註1〕呂氏所言是指兩經義

理相爲表裏，其實兩經關係密切，不只義理一端，西河即以兩經互相發明，

作《春秋占筮書》，《四庫全書總目・春秋占筮書提要》述其著作之旨云：

其曰《春秋》者，摭《春秋傳》所載占筮以明古人之《易》學，實

爲《易》作，不爲《春秋》作也。自漢以來言占筮者不一家，而取

象玩占存於世而可驗者，莫先於《春秋傳》，奇齡既於所著《仲氏易》、

《推易始末》諸書發明其義，因復舉《春秋》內外傳中，凡有得於

筮占者，彙記成書，而漢晉以下占筮有合於古法者，亦隨類附見焉。

〔註2〕

《四庫提要》認爲西河此書是以《春秋》解《易》之作，所以收入《易》類，

但西河門人裒集《西河全集》，則將此書置於《春秋》類，本文則依《西河合集》

之劃分，將《春秋占筮書》列入西河《春秋》學之範圍內，表彰其會通諸經之

特識。事實上，西河認爲前人說解《春秋》多忽略占筮詞，《春秋占筮書》云：

獨是筮關《周易》，其詞象變占，實出義、文、孔子三聖所授受。故

每著筮詞，輒屈折幼眇，隨其事之端末而言之明明，指之鑿鑿。凡

一十二公，二百四十年間所載，其詞具在，而並無解者。雖杜氏有

註，孔氏有疏，義總未明了。即或焦贛、京房、虞氏、荀氏輩，偶

一論及，亦且彼此卜度而不得領要。以致王弼邪說橫行于世，而宋

人和之，且謂《春秋》筮詞，統屬附會，一似事後言狀增損之以欺

後世者，不惟占筮亡，即《周易》亦亡。（卷一，頁1）

〔註1〕見呂思勉著，《經子解題》，頁72。
〔註2〕見《四庫全書總目提要》卷六〈春秋占筮書提要〉，頁136。

可知西河《春秋占筮書》之撰作目的，除用以彰顯《春秋》所載之占筮遺法，明《周易》爲筮書之性質外，兼以駁斥前人認爲《春秋》筮詞乃事後所加之說法。其實古籍踵事增華，《左傳》旣是彙聚諸國史事，不免有口耳相傳或後人附入之情況。西河認爲《春秋》筮詞皆是事前占筮而有驗於後，此或爲西河本身占筮有驗之經歷，所以如此推想。〔註3〕但衡諸古籍之傳衍，實未必然。事實上，西河之所以駁斥王弼的說法，其實是基於護衛聖門經典的心態，認爲占筮是聖人所傳授，所以能洞燭幽微，而非事驗之後，以筮詞售欺後世。再者，西河也受《左傳》昭二年所載韓宣子適魯之言的啓發，認爲《易象》及《魯春秋》可考見周禮，《春秋占筮書》云：

> 《周易》，筮書也。《周官》占人以八頌占卜詞，即八卦占筮詞，因之別設筮人掌三《易》以辨九筮，使占人占《易》皆有成法，而惜乎其書不傳。惟《春秋》諸傳閒存兩詞，其在卜詞，如陳敬仲奔齊傳所云：「鳳凰于飛，和鳴鏘鏘」是也。而在筮詞，則如陳敬仲初生傳所云：「觀國之光，光遠而自他有耀」是也。今燋契不作，董氏之卜詞可無問矣。……《易》以象爲詞，而今反舍象而斷詞，《易》繫詞以明占，而今反舍占而專求此卦詞之字句，是詞象變占不當並設，而究其所爲字句者，又仍無一解，何爲涉川？何爲即麓？何爲龍戰而乘馬？即離日坎月、乾金震竹，牛羊、甲兵、井繘、床肺，凡《易》之觀象而繫詞者，全然大貿，而乃謂兩傳多事，即《周官》：「三《易》」亦難以考據，將韓宣子來聘所稱《易象》、《春秋》、《周禮》在魯者三書，一併亡矣。（卷一，頁1～2）

西河以《周禮》占人、籤人之職掌爲證。〔註4〕認爲占易之法可以由《春秋》

〔註3〕盛唐撰〈西河先生傳〉載云：「（西河）先是出門時，仲兄出《周易》一本，泣授曰：『古賢憂患必知《易》，汝知此足矣。』先生跪受教，至是筮所之，遇節之需，曰，『節者，止也。需者，有待也。節與需皆坎，險在前而不可行，然而節三當互震之柔而變爲乾，剛震則動，動而得剛，可以出險。經云：「剛健而不陷是也。」顧亦惟剛健，故不陷，否則需矣，致寇至矣。』乃急行，而躡者果至，因匿海陵，越一月，曰：『可出險矣。』經曰：『利涉大川。』大川者，淮也。因過淮。」見《毛西河先生全集》卷首，頁15～16。或許因爲西河占筮有驗，所以也就比較相信《春秋》占筮有驗之說法。

〔註4〕《周禮正義》卷二十四云：「占人，掌占龜，以八籤占八頌，以八卦占筮之八故，以眡吉凶。……籤人，掌三《易》，以辨九筮之名，一曰《連山》，二曰《歸藏》，三曰《周易》。九筮之名，一曰巫更，二曰巫咸，三曰巫式，四曰巫目，五曰巫易，六曰巫比，七曰巫祠，八曰巫參，九曰巫環。以辨吉凶。」

所載占筮之詞考見，這種以《春秋》闡明《易》學的方式，《四庫全書總目·春秋占筮書提要》加以表彰云：

> 《春秋》內外傳所紀，雖未必無所附會，而要其占法，則固古人之遺軌，譬之史書所載是非褒貶，或未盡可憑，至其一代之制度，則固無僞撰者也。奇齡因《春秋》諸占以推三代之筮法，可謂能探其本而足闚諸家之喙者也。〔註5〕

《春秋》存有古代筮法遺制，此爲前人所疏忽之處，西河能表而出之，申明《周易》爲筮書之立場，所以《四庫提要》讚譽西河「能探其本」，「闚諸家之喙」。說明西河能由《春秋》發明筮法的根本，以會通諸經，得古代之遺制，洵爲有識。

三、以《春秋》明禮

西河認爲《春秋》與《易》及周禮皆可互通，除用《春秋》闡發《易》學之外，西河也以《春秋》闡明周禮，如立禮爲四例之首來強調《春秋》中之禮制，認爲足窺一代制度，此即以《春秋》說禮之明證，《春秋毛氏傳》桓元年經：「春，王正月，公即位。」下云：

> 韓宣子見《春秋》曰：「周禮盡在魯。」則周禮已亡，《春秋》實可論禮，予定《春秋》例而以禮例四例之首，豈無謂也。（卷六，頁3）

又閔元年經：「冬，齊仲孫來。」下云：

> 齊桓問仲孫曰：「魯可取乎？」曰：「不可，猶秉周禮，周禮所以本也。」又曰：「魯不棄周禮，未可動也。」然則周禮盡在魯，非一人言矣。（卷十三，頁2）

西河認爲周禮存於魯，《左傳》中非僅一人言及，而《春秋》據魯史而來，正可考見周代禮制，《春秋毛氏傳》桓八年經：「祭公來，遂逆王后于紀。」下云：

> 夫天子諸侯既無成禮，其不再娶一語，又未嘗雜見于三禮之文，所藉《春秋》一書，周禮盡在，而乃遍考之，而必無其事，則其言誕矣。（卷七，頁17）

西河認爲周禮存於《春秋》之中，如果認爲周代有某一制度，但遍查《春秋》卻無法印證，則此說必須存疑，如天子諸侯不再娶之禮，《春秋》未見，顯然

頁375～376。

〔註5〕同註2，見卷六〈春秋占筮書提要〉，頁136。

此說有誤，因爲《春秋》爲考見周禮之要籍，莊二十四年經：「戊寅，大夫宗婦覿，用幣。」下云：

> 然則周禮在魯，誰謂《春秋》非禮書乎？（卷十一，頁 12）

可見《春秋》與禮之關係十分密切，透過《春秋》可明周代禮法，如果捨棄《春秋》，則周禮無由得知，所以西河說解《春秋》時，屢屢提及周禮已亡，唯藉《春秋》才能明周制，如《春秋毛氏傳》宣三年經：「春，王正月，郊牛之口傷，改卜牛，牛死，乃不郊。」下云：

> 然周禮不傳，而戰國諸禮又別無可據。（卷二十，頁 10）

周禮不傳，則唯有以《春秋》考禮，僖三十三年經：「乙巳，公薨于小寢。」下云：

> 況周禮盡亡，所藉惟《春秋》一書，而傳《春秋》者，率順文立訓，
> 並無取証。（卷十七，頁 21）

由於前人說解《春秋》只是順文疏解，並未對《春秋》中所記載之典制，加以表彰，西河有鑑於此，特別強調由《春秋》闡明周禮之方式。因爲周禮已散亡，而魯國爲春秋時代最能保存周代禮制的國家，《春秋》爲魯史，所以依其記載，便可得見周禮遺制。至於三禮，西河認爲是後起之書，不可據三禮，便認爲即是周禮，更不可完全依三禮來解釋《春秋》之典制。《春秋毛氏傳》閔二年經：「夏，五月，乙酉，吉禘于莊公。」下云：

> 且周禮散亡，三禮皆後起之書，不足深據，乃陋儒無學，反有執三禮
> 以繩《春秋》者。如魯有吉禘，明是周禮，胡氏必強引〈禮運〉孔子
> 曰：「魯之郊禘非禮也。」一語，遂謂魯不宜禘。又引〈祭統〉云：「成
> 王以周公爲有勳勞于天下，賜魯重祭。」似乎魯之有禘，因賜而得之，
> 則襄十六年傳：晉人答穆叔有云：「以寡人之未禘祀。」謂晉悼初薨，
> 斯時尚未吉禘也。是晉亦有禘。……周末儒者，竊引夫子及游、夏之
> 徒，雜說成禮，原有茫然不經讀《春秋》者。……故禘禮有三，禘所
> 自出，則惟王有之，魯亦有之。吉禘、祫禘，則不惟魯有之，凡列國
> 諸侯皆有之。核之《春秋》，旁証之三傳，及《論語》諸書而皦然者，
> 故曰：「周禮盡在魯。」此周禮也。（卷十三，頁 3～4）

西河引《左傳》之記載，申明魯國有禘祭，駁斥《胡傳》之說法，而對於三禮，西河認爲是「周末儒者，竊引夫子及游、夏之徒，雜說成禮。」不足深據。當然更不可執此作爲衡量《春秋》典制的依據，《春秋毛氏傳》莊十九年

經：「秋，公子結媵陳人之婦于鄄，遂及齊侯、宋公盟。」下云：

> 但周制既亡，而《儀禮》、《禮記》皆戰國後書，且闕略未備，全不
> 可據，今第就三傳較之，然亦有異同，但當合觀全經以定其是否。（卷
> 十一，頁4）

可見以《春秋》經文考較周禮，勝於三傳，當然更勝於三禮，因爲西河認爲
三傳互有異同，而《儀禮》、《禮記》爲戰國後儒者所纂輯，皆不如《春秋》
所載周制之眞確。對於西河以《春秋》求禮，《四庫全書總目・春秋屬辭比事
記提要》頗爲稱許，云：

> 奇齡長於辨禮，《春秋》據禮立制，而是書據禮以斷《春秋》，宜其
> 秩然有紀也。至《周禮》一書，與《左傳》多不相合，蓋《周禮》
> 爲王制，而《左傳》則皆諸侯之事。《周禮》爲初制，而《左傳》則
> 數百年變革之餘，強相牽附，徒滋糾結，奇齡獨就經說經，不相繳
> 繞，尤爲特識矣。〔註6〕

《四庫提要》對《周禮》之態度與西河不同，《提要》以初制及變革來說明《周
禮》及《左傳》有關禮制之差異，而言「就經說經」，是強調西河以《春秋》
經文中所載之典制闡明周禮，而非用三禮繩《春秋》，確實爲正確之解經方式。
至於西河以禮例、二十二門部表彰《春秋》禮制，則詳見第三章，此不贅言。

第二節　重視史實之精神

一、不專守一家而實尊左氏

西河以經證經，說解《春秋》十分強調呈顯史實，而史實即藉由策書得
知，事實上，西河認爲《左傳》即是策書，在簡、策分書之概念下，西河對
《左傳》中悖於經文之處，以左氏妄附或誤據列國史書加以批駁，說詳見前。
因此《左傳》之內容便分爲兩部分，一爲據以明經之史事，西河執此以批駁
《公》、《穀》、《胡傳》，另一則爲左氏缺謬之處，西河則據經文原旨加以批評。
所以西河雖然不專守一家，但卻以簡、策分書之概念援用《左傳》所載史事，
來強調史實，論其精神，仍是遵奉《左傳》解經之路徑，《春秋毛氏傳》云：

> 乃宋儒無學，襲唐儒啖助、趙匡之説，重訾《左氏傳》爲秦後僞書，

〔註6〕同註2，見卷二十九〈春秋屬辭比事記提要〉，頁589。

且摘不更庶長諸秦官爲辭，此眞不讀《春秋》，不識《左傳》爲策書
舊本，而妄爲是言。（卷一，頁 8）

西河認爲《左傳》爲策書舊本，可與《春秋》簡書互相發明，而宋儒承啖助、
趙匡之說，批評《左傳》爲秦後僞書，西河批駁此爲妄言，《論語稽求篇》卷
三「左丘明恥之」一節，言之更詳，云：

自唐人談（應爲啖）助、趙匡、陸德明輩，不知何據，乃曰：「《論
語》所引丘明，乃史佚、遲任之類。左氏集諸國史以釋《春秋》，謂
左氏即其人，非也。」宋程伊川遂謂左丘明古之聞人。而朱氏用之，
亦遂分《論語》、《左傳》爲兩人。然實無據。……至明嘉靖間有季
本者，作《私考》一書，引宋儒說，謂左氏立言已雜秦制，如臘者，
秦之祭名也。酎者，秦之飲名也。庶長者，秦之官名也。而傳語皆
及之，類非戰國以前文字，而謂丘明受經于仲尼，豈不謬哉。（頁 3）

由於啖助、趙匡、陸德明等學者認爲《左傳》作者與《論語》所提及之「左
丘明」並非一人，並且指出《左傳》所載雜有秦時官制，使《左傳》之成書
年代及傳經地位遭受懷疑。西河認爲此爲無稽之談，至於《左傳》出現秦代
名物，西河《論語稽求篇》辯解云：

若其所舉秦官、秦臘以斷其爲秦後之書，則大不然。……人第知秦
孝公時始有不更庶長之號，惠王十二年始有臘名，遂謂虞不臘矣。
秦師敗績獲不更女父，以至秦庶長鮑、庶長武帥師及晉戰于櫟，皆
爲秦後之書之（「之」疑衍）。案：則試問秦之稱臘、稱不更、稱庶
長，畢竟創于何公？起于何世？更制于何年？何人之論與議？而茫
然無據，但以所見之日爲始，則安知其所立名不更先于所見者，而
以是爲斷，是豉助始《孟子》，太宰、司敗始《論語》也。且臘即蜡
祭，見鄭氏、蔡邕諸說，即〈月令〉記臘，雖自不韋，然其中所記，
無非周制，安知虞之不臘在列國不原有是名者，而欲以一字而斷全
經，何其愚乎？（卷三，頁 5）

事物起源與文獻記載之時間，未必吻合，西河認爲《左傳》出現秦代名物之
記載，與其認爲《左傳》晚出，不如說此一名物早在春秋時代就已存在，而
爲秦代所承繼，而且更不可單據一項，便否定全書。《春秋毛氏傳》成十三年
經：「夏五月，公自京師遂會晉侯、齊侯、宋公、衛侯、鄭伯、曹伯、邾人、
滕人伐秦。」下亦云：

不更女父是爲秦不更之官而名女父者。《漢書》稱商君爲法于秦，戰
斬一首，賜爵一級，其爵級凡二十，中有不更左庶長、右庶長諸名。
此傳有不更，而襄十一年傳又有庶長鮑、庶長武，則必春秋時，秦先
有此官，而後漸增之，以至二十，非盡商君新立名也。唐啖助、趙匡
據此，欵左氏秦人，在戰國之後，故有此官，而陋儒遂謂其傳爲漢人
所造。夫左氏即秦人，後于商君，然豈不知爵級二十爲商君所定，而
反以其名強入之魯成、襄、秦桓、景之間，以自取敗漏，是癡兒也。
且諸官實不自商君始也。《史記》秦懷公四年，庶長鼂與大臣圍懷公，
懷公自殺，又出子二年，庶長改迎靈公之子獻公于河西，此皆在春秋
之末，秦孝公用商君前者。……啖、趙本無學，而陋者又從而和之，
夫爵級中有大夫名矣，將毋大夫亦秦末官乎？（卷二十三，頁10～11）

西河認爲《左傳》之記載可信，所以《左傳》提及秦代名物，證明這些名物
在春秋時應已存在，而爲秦代所承襲，不可反而據此批駁《左傳》爲後人僞
造。西河即以《史記》記載之資料，證明商君變法之前已有庶長之官名，而
非變法之後才有，所以《左傳》是據實而錄，批駁《左傳》爲晚出之作的說
法，實不能成立。總之，西河如此維護《左傳》，意在確保《左傳》之解經地
位，《春秋毛氏傳》云：

特其書（指《左傳》）則猶是魯史與晉、楚諸史，較之《公羊》、《穀
梁》道聽塗說，徒事變亂者，迥乎不同。（卷一，頁9）

《春秋簡書刊誤》云：

漢初行四家之學……祇《公》、《穀》二學早立于學官，而諸生傳之。
顧兩者杜撰，目不見策書，徒以意解經，故經多誤字。……及《左
傳》行世，則始知有簡書正文冠策書首。……夫左氏之傳即是策書，
左氏之經即是簡書。（卷一，頁1～2）

可見西河雖不專守一家，但尊崇《左傳》之解經地位，並將其說納入簡、策
分書之概念中，作爲說解《春秋》之依據。

二、條分縷析以求實情

西河認爲《春秋》是據事直書，其義自見，《春秋毛氏傳》隱元年經：「三
月・公及邾儀父盟于蔑」下云：

凡經所書，皆不過直書其事以俟其義之自見。（卷二，頁13）

所以西河立事例來審辨《春秋》經文，求得史實，《春秋毛氏傳》僖五年經：
「秋八月，諸侯盟于首止。」下即云：

> 《春秋》書法貴實。（卷十四，頁13）

西河強調《春秋》爲據事直書之實錄，研讀《春秋》，不須揣測字句之微言大
義，而應直接探索經文，得其大體，《春秋毛氏傳》桓十五年經：「冬十有一
月，公會宋公、衛侯、陳侯于袲，伐鄭。」下云：

> 《春秋》須詳審經文，備究其事之始末，幷當時行事之首從主輔，
> 而後可斷以義，否則鮮有不誤者。如此役，則魯、宋爲主，而諸國
> 附之，何也？以公與宋爲忽讎，而借納突以伐之，實非爲突，若諸
> 國則因人成事者也。《公羊》不識經，不諳事實，于此經文中妄加齊
> 侯于宋公之上，則全在夢寐中矣。（卷八，頁20～21）

西河由審辨經文，詳究事情始末，認爲此次伐鄭，名目上是爲納突，但實際
上是因魯、宋與鄭忽有讎，借此報復，然齊與鄭忽頗爲友好，所以此次伐鄭，
齊應該不會參加，但《公羊》經文卻列有齊侯，西河批駁此爲昧於事實，顯
然有誤。總之，西河認爲《春秋》必須「詳審經文，備究其事之始末」，也就
是強調必須先審辨經文，了解當時實情，才可評斷其義。《春秋毛氏傳》莊三
十二年經：「公子慶父如齊。」下云：

> 論事須以實。……儒者解經，何可言不以實，而洵口誕謾若此。（卷
> 十二，頁20）

西河強調求得實情，所以對於經文條分縷析，尋求事情始末，也唯有如此，
西河認爲才能進一步了解孔子意旨所在，《春秋條貫篇》云：

> 而復于聖人之經，再三致意，檢其事之有緒屬者，……或一條一屬，
> 或數條一屬，爲之統紀而分合之，歷觀其次第，以務求聖人之意之
> 所在，于以維天綱而正王法，條條井井，明有穿弗，名之曰：「條貫」。
> （卷一，頁3）

《春秋》經文載事始末，皆有脈絡可尋，西河「檢其緒屬」，「分合統紀」，以求
孔子意旨，而非膠著於經文文字之推敲，所著重即是事情之顯現，元趙汸《春
秋師說》強調說解《春秋》要先得其事情，云：

> 說《春秋》者，當求事情，事情不得，而能說《春秋》者，未之聞
> 也。〔註7〕

〔註7〕 見趙汸撰，《春秋師說》卷下，收入影印本《四庫全書》第一六四冊，頁288。

西河立事例解《春秋》，認為研究《春秋》要先得實情，而且必須是經由《春秋》經文所呈顯之事情，此則符合「求事情」之說《春秋》的要求。據此，《春秋》成為可以按覈之實錄，而不是譏刺褒貶之謗書。

三、以史實駁斥前人所立之義例

西河認為說解《春秋》要前後一致，符合實情，《春秋毛氏傳》桓元年經：「元年。」下云：

> 學者註經，所貴平情，況《春秋》一書全在比例，豈有《春秋》本經前後見在，而畢其一遂忘其一者，豈有同一事例，而前極貶之，後又極褒之者。（卷六，頁3）

所謂同一事例，是指比事所得之相類事件，理當褒貶一致，但前人說《春秋》時，對同一事例卻時有褒貶異轍，輕重殊判的情況，因此，西河強調褒貶須符合事例，切勿前後矛盾，互相牴牾，《春秋毛氏傳》莊二十七年經：「冬，杞伯姬來。」下云：

> 予說《春秋》，一掃惡例，非故屏之，以為其說不驗也。通人當自解耳。（卷十二，頁4）

又昭二十五年經：「夏，叔詣會晉趙鞅、宋樂大心、衛北宮喜、鄭游吉、曹人、邾人、滕人、薛人、小邾人于黃父。」下云：

> 不善解者，但求其字于文間，而求之不得，則又舍本文而別求他義。烏知大義炳然，要皆本文所固有乎。（卷三十二，頁1～2）

可見西河是直探《春秋》經文本身所具之意義，所以對於前人求於文字間所立之義例，或求於他義之見解，則以「其說不驗」加以駁斥。總之，西河是以四例取代前人所立之義例，藉以呈顯經文本身所具有之大義，對於人言言殊之春秋義例，確有廓清之效。四例之內容，詳見第三章，至於西河批駁前人所立之義例。歸納其內容如下：

（一）駁稱謂示褒貶例

西河以史事說經，所以對於文字解經之方式，頗有異議，《春秋毛氏傳》云：

> 如舊謂書國、書爵、書人、書氏、書時、書日皆例也。而今皆無之，以為史之例可書國、可不書國，可書人、書爵、書日；並可不書人、

書爵、書日，何則？例固然也。（卷一，頁 13）

西河反對稱謂褒貶，以及書日、書時例、書日、書時例詳見下文，此先論稱謂褒貶例。西河認爲史例並未嚴格限定稱謂使用，所以沒有所謂褒貶含義，《春秋毛氏傳》隱二年經：「無駭帥師入極。」下云：

> 無駭，魯公族大夫之名，史凡書公族大夫，或僅書名而不書氏，如後七年「齊侯使其弟年來聘。」八年「鄭伯使宛來歸祊。」其不稱公子、公孫者，史文如此，並無諱避與褒貶諸例，遍考經文甚明，此所書例，與後四年「翬帥師，會宋公、陳侯、蔡人、衛人伐鄭。」莊三年「溺帥師會齊師伐鄭。」例同，而說者必求其故，以爲無駭未賜族，夫無駭果未賜族。然氏之書不書全不在此。（卷三，頁 12）

西河認爲不稱公子、公孫，或僅書名而不書氏，無關書法義例，史文如此並無避諱及褒貶作用，《春秋毛氏傳》僖二十五年經：「春，王正月，丙午，衛侯燬滅邢。」下云：

> 予向謂書名、書爵並無史例，況偶然一見，尤不可據，且經有闕文，又有羨文，先仲氏曰：「桓十二年『丙戌，盟武父。』又云：『丙戌，衛侯晉卒。』下之『丙戌』由上之『丙戌』而羨之者也。此云『衛侯燬滅邢。』下文云：『衛侯燬卒。』上之『衛侯燬』則由下之『衛侯燬』而羨之者也。」此確論也。（卷十六，頁 9）

衛侯滅邢，一般說解《春秋》者，認爲《春秋》稱名以示貶，譏刺其毀滅別人宗國，但西河反對稱謂褒貶例，認爲經文有闕文、有羨文，此處稱「衛侯燬」，是涉下而衍，無關義例。《春秋毛氏傳》文十五年經：「三月，宋司馬華孫來盟。」下云：

> 華孫者，華耦，爲宋司馬官，其稱孫，以華氏之孫，如魯之稱臧孫、季孫。據此，則益信書爵、書名、書氏、書字之無所取也。（卷十九，頁 17）

西河認爲《春秋》的稱謂只是標誌其人，不足以據以評斷褒貶譏刺，如果執著此種方式，只會羅織人入罪，《春秋毛氏傳》宣十四年經：「春，衛殺其大夫孔達。」下云：

> 按：《春秋》專殺大夫者，三十有二，其稱國以殺而不去其官，如云「某國殺其大夫某者。」二十有四，凡殺弒君之賊與忠良無故而被殺者，書總一例，舊以書國、書人、書名、書爵，妄生褒刺者，全

屬冤獄。（卷二十一，頁 12）

西河屬其辭之相類者，如殺弒君之人，與忠良而遭殺戮者，《春秋》書法相同，由此可知《春秋》書國、書人、書名、書爵實無關褒貶，只是標誌其事。此外，西河認爲《春秋》書人、書師也無關義例，《春秋毛氏傳》僖二十六年經：「齊人侵我西鄙，公追齊師，至酅，弗及。」下云：

> 諸傳不顧經，因不識見侵之由，第于書人、書師，曉曉置辨，夫齊人者，齊大夫也。齊師者，齊大夫所帥之師總稱也。此見予隱元年傳條例甚明，自陋者創爲人寡稱人，人眾稱師說，則此既稱人，又稱師，多寡雜出，爲不可通，于是《穀梁》謂人本微者，而以我能追，故稱師以大之。而胡氏又謂：齊先以少誘我，故稱人，既而伏其眾以邀我，故稱師。殊不知《春秋》書法人、師並見者甚多，並無義例。前二十二年「宋人及楚人戰于泓，宋師敗績。」後二十八年「晉侯及楚人戰于城濮，楚師敗績。」此豈戰時人少，敗時人反多耶？抑豈戰時以少誘之，敗時反以多邀之耶？何悖誕至此。（卷十六，頁 12～13）

西河由屬辭比事，批駁《穀梁》及《胡傳》說解不合情理，西河認爲書齊人，是指齊大夫，書齊師，是指齊大夫所帥之師，偏稱與總稱不同，但無關義例。總之，西河認爲稱謂只有標誌的作用，並無譏刺褒貶的含義存在。

（二）駁書時、書月、書日、書王例

西河除駁斥稱謂示褒貶例，也反對以書時、書月、書日作爲褒貶美刺之義例，《春秋毛氏傳》隱元年經：「春，王正月。」下云：

> 吾故曰：《春秋》須識例，其必書時月，雖無事而亦書者，此例也。此終古不易者也。其既書時月，而或書此月，或書彼月，則非例也。通也，闕繆也。通則無例，闕與繆則并無義也。不然天下豈有以空空歲月，而可以寓褒譏、加美刺者。以此推之，則凡書人、書國、書名、書字，其諸以通例而強作義例者，亦可返矣。（卷二，頁 2）

西河認爲書時月爲史官書寫之例，至於或書此月，或書彼月，則爲通例，或是有闕誤，皆無關義例，不可據此定褒譏美刺，否則豈有空書時月而可以譏刺者。此外，書日亦無關譏刺，《春秋毛氏傳》隱元年經：「公子益師卒。」下云：

> 公子者，先公之子，益師其名也。公族卿佐卒必書，禮也。其或不書，與書而或日或不日，皆史有詳略，文有完闕，未嘗有義例於其間也。

故此不書日。舊解云：「《春秋》不以日月爲例。」此是了義，而三傳偏紛紛焉。予嘗推其例，衹取莊三十二年「公子牙卒。」書日，與文十五年「公孫敖卒。」書日，兩事概之。《左》以爲公不與小斂，即不日，則叔牙以酖死，公孫敖客死于齊，公皆不與小斂矣，然亦日矣。《公羊》以爲世遠，故不日，則敖在文世，已屬所聞，叔牙在莊世，則傳聞者也，未嘗近也，何以皆日也。《穀梁》以爲惡，故不日，則牙與敖可云善類乎？而日之乎。乃胡氏亦知難通，又自立一例，以爲恩數有厚薄。夫公族喪葬，自有典禮，非國君用情得以厚薄，即有厚薄，亦必覘其厚薄之間，于典禮有違、有合，不得但以日不日，漫爲起例。且據云：厚薄則必以厚者書日，不厚者不書日矣。吾即以牙、敖二事觀之，夫叔牙以妄言而殺其身，然叛亂不彰，原未嘗有族滅之例。故季友早許其立後，然必請而後得立。若敖死于齊，魯不爲理，致齊人以棺置堂阜，而後得以聞于魯，然猶必不令歸，必不使殯，致其子，期年猶毀，朝夕立朝以待命，而後許其殯孟氏之寢，則其厚與薄何如也，而公然卒之日之何也？故曰：書卒，例也。不書日，亦例也，以例固可以不書也。（卷三，頁9～10）

西河舉莊三十二年經：「秋，七月，癸巳，公子牙卒。」及文十四年經：「九月，甲申，公孫敖卒于齊。」（西河言文十五年，疑誤，應爲文十四年。）二例，批駁《左傳》、《公》、《穀》、《胡傳》有關書日與不書日之說解，認爲諸說難通，書日與否實無關義例，西河認爲史官書例並無嚴格限制書日與不書日有何差別，不應以此定褒貶。此外，西河也就《春秋》經文整體論日、月有詳略，而無義例。《春秋毛氏傳》桓四年經：「夏，天王使宰渠伯糾來聘。」下云：

此年與後七年俱無秋、冬者，經文闕漏，並非筆削。舊說所謂或史文先闕，而夫子不增，或夫子備文，而傳者遺脫，此明白了義。而胡氏又謂天王失刑，桓惡不討，故削秋、冬，以見佚罰。則定十四年亦有春、夏、秋而無冬矣，此則何所刑討乎？況《春秋》編年，專爲記事，徒以貶桓之故，而竟削《春秋》兩年兩時之事，恐無是理矣。孔疏嘗云：「日、月有詳略而無義例。」文以前六公，書日者，二百四十有九，宣以後六公，書日者，四百三十有二，計前後兩截，年數略同，而日數加倍，近詳而遠略，斷無貶遠褒近之例。先仲氏亦曰：「桓十二年冬十一月，既書丙戌盟武父矣。又書丙戌衛侯卒。夫一日無再書

者，其再書者，羨文也。」文有盈羨，即當有闕佚。羨之非褒，猶之
闕文之非貶也。今遇闕時、闕日而即謂貶桓，則此有羨日，當褒桓矣，
桓不當褒，將毋衛侯之卒可褒乎。（卷六，頁 14～15）

《春秋》經文有不書時的情況，西河認爲此爲闕佚，而非孔子削以示貶罰，
例如定十四年經，並無書冬，但卻沒有什麼刑討的理由，而且因爲貶罰，便
削去兩年秋、冬之事，於理不通，所以西河認爲孔疏所言「日、月有詳略而
無義例。」當較合理。總之，西河認爲書時、書月、書日皆是史官記事通則，
並無義例，不可據此以爲有褒貶譏刺。此外，對於《春秋》歲首書王，西河
也有相同之見解，認爲並無褒貶之含義，所以對於《穀梁》桓元年經：「元年，
春王。」下傳所云：「桓無王。」之說法，加以駁斥，《春秋毛氏傳》桓三年
經：「春，正月，公會齊侯于嬴。」下云：

> 《春秋》書時月，而或書王，或不書王者，皆史有詳略，無關義例，
> 故有時無月而不時王者，凡一百餘條，有時有月而不書王者，凡一
> 十五條，此不書王者，正有時有月不書之例。而《穀梁》謂桓無王，
> 故削王字，則宜在元年，乃元年、二年有王，至三年而始削之，何
> 其討賊之需遲也。則又爲說曰：「元年有王，所以治桓也。二年有王，
> 正與夷之卒也。」則是有王反治罪，得毋三年以後其無王者，皆褒
> 德者乎？且治桓巳耳，華督弑君與魯何涉，而胡氏亦曰：「二年書王，
> 正華督之罪。」得毋《春秋》二百四十餘年，凡有王者，悉治罪之
> 年乎？況有王治罪，無王又治罪，是亂刑也。無王是削而惡桓，有
> 王是筆而又惡桓，是筆與削俱無所準也。且《春秋》須比例，文九
> 年，春有二月、三月而無王，成十三年，春有三月而無王。定十四
> 年，春有二月而無王。以例言之，與桓年正同，然而三君于諸年並
> 未嘗有治罪貶削之事，是屬詞比例，又並無一相合者，吾故曰：「此
> 不關義例。」非無謂也。（卷六，頁 9～10）

《穀梁》說解《春秋》往往衡諸全經文字之用法，而《春秋》經文中，魯桓
公除元年、二年、十年、十八年書王外，其餘皆未書王，與《春秋》他公之
記載情況不同，所以《穀梁》認爲「桓無王」，當是孔子貶斥桓公，所以削去
歲首書王。但西河認爲此爲魯史舊文，不應視爲褒貶所在，理由有二：一、《穀
梁》認爲「桓無王」是貶斥桓公，但桓元年、二年書王，《穀梁》並無合理之
解釋。二、《春秋》他公也有無書王之情形，但未必皆有貶斥的理由，所以認

為桓無王，是孔子貶斥而削去，於理難通，可見《穀梁》之說無法通貫全經。據此，西河認為書王與否，並無褒貶譏刺之義。

（三）駁常禮不書例

西河認為《春秋》是據事直書，因此反對常禮不書例，《春秋毛氏傳》莊二十七年經：「冬，杞伯姬來。」下云：

> 據傳，此歸寧也。凡諸侯之女歸寧曰來，出曰來歸，夫人歸寧曰如某，出曰歸于某，則此以禮書。而胡氏曰：「不當來，故書。」則前此伯姬歸于杞，亦不當歸故書乎？禮：三月致女，則自二十五年六月伯姬歸杞，至此已三年矣。未有三年之久而尚不可以歸寧者。觀春時伯姬來洮，洮是魯地而猶不入魯，致莊公往會之，則必拘于禮而不敢來，而至是始來，乃又曰：「非禮。」則歸寧之禮絕矣。陋例有「常禮不書」一語，此不可訓，他不具論。如此二十五年夏六月日食，此以鼓于社而用牲為非常禮，故書，則二十六年冬十二月日食，未嘗有鼓社用牲之非禮而亦書，何也？予說《春秋》，一掃惡例，非故屏之，以為其說不驗也。通人當自解耳。（卷十二，頁 3～4）

西河認為《春秋》書「杞伯姬來。」是歸寧之禮，《春秋》據事而書，並無譏刺用意，至於以常禮不書之觀念，定要為《春秋》記載找尋譏刺褒貶的理由，反而使《春秋》據禮直錄的精神斷絕，西河舉《春秋》記載日蝕，卻未必以「鼓于社而用牲非常禮」之說法，可以一概解釋，所以西河認為「常禮不書」，並非通例，《春秋毛氏傳》莊二十七年經：「莒慶來逆叔姬。」下云：

> 此以莊公之女而妻于莒大夫者，其書來逆，禮也。禮惟天子不親迎，自諸侯大夫以至士庶，無不親迎者，大夫不越境，謂私交耳。《公羊》謂不越境逆女，非也。若周禮天子嫁女于諸侯，使同姓諸侯主之，諸侯嫁女于大夫，使同姓大夫主之，其不書大夫主者，此是略文，其例與十一年王姬歸于齊，不書莊公為主正同。而《穀梁》、胡氏又以無大夫主非之，則王姬歸齊，豈莊公未嘗為主，而得以書之魯史之策乎？總是以非常禮故書一例，必求一非禮之事以誣之，《春秋》真誣史矣。（卷十二，頁 4～5）

西河認為《春秋》據禮直書，為禮例，莒大夫親迎，本是據禮行事，但如果以《春秋》常禮不書之概念看待，便須找尋不合禮之處來解釋，《公羊》認為莒大夫不應越境，《穀梁》、《胡傳》則批駁魯國國君沒有使同姓大夫主持此事

爲失禮，總之，皆以譏刺之觀點看待此事。西河反對以常禮不書看待《春秋》載事，因此批駁《公羊》昧於周禮親迎之禮。而《穀梁》、《胡傳》則不知《春秋》載事，只是記其大體，因此不必記載大夫主持之事，西河又舉《春秋》莊十一年經：「王姬歸于齊。」爲證，經文並無書寫魯莊公爲主，但事實上，莊公主持此事，只是經文省略，否則《春秋》諱國辱，不會不書莊公主之，來譏刺莊公失禮。所以西河認爲以常禮不書之觀念看待《春秋》，除障蔽《春秋》之眞面貌，更使《春秋》成爲入人於罪之謗書。

第三節　簡、策分書之商榷

一、簡、策分書定義之釐清

　　簡、策分書是西河《春秋》學中，極重要的概念，第三章已有論述，並提及西河此概念實源自杜預〈春秋序〉「大事書之於策、小事簡牘而已。」以及孔穎達對這句的疏解，在此，我們作進一步之探討。因孔疏文甚長，不便全錄，在此括約疏解重點如下：

1. 引郭璞《爾雅·釋器》、許慎《說文》、蔡邕《獨斷》、鄭玄《中庸注》及〈論語注序〉等，解釋簡策，認爲是同物而異名，單執一札稱爲簡，編連諸簡則稱爲策。
2. 引《儀禮·聘禮》鄭玄注，認爲字少書簡、字多書策。
3. 認爲杜預〈春秋序〉所言之大事、小事，並非字多、字少。
4. 舉《左傳》崔杼弑其君，南史執簡以往之事，認爲大事雖載在策，其初也是記載於簡上。
5. 引《左傳》隱十一年傳例，「滅不告敗，勝不告克，不書于策。」認爲是杜預〈春秋序〉言：「大事書之于策，小事簡牘而已。」的論據。
6. 由上論述，可見經據策書、傳憑簡牘；經言大事、傳言小事。〔註8〕

〔註8〕《春秋左傳注疏》卷一杜預〈春秋序〉云：「大事書之於策，小事簡牘而已。」孔穎達疏云：「既言尊卑皆有史官，又論所記簡策之異。〈釋器〉云：『簡謂之畢。』郭璞云：『今簡札也。』許慎《說文》曰：『簡，牒也，牘，書版也。』蔡邕《獨斷》曰：『策者，簡也，其制長二尺，短者半之，其次一長一短，兩編下附。』鄭玄注〈中庸〉亦云：『策，簡也。』由此言之，則簡、札、牒、畢，同物而異名，單執一札，謂之爲簡，連編諸簡，乃名爲策。故於文策，或作冊，象其編簡之形，以其編簡爲策，故言策者，簡也。鄭玄〈注論語序〉

以上所約舉之內容大要，可以發覺第一、二項是解釋簡策形製，第三項以後，轉而解釋大事、小事，第六項則綜合兩者作結論，可見孔穎達之疏文約略分為兩截，以第三項言「大事、小事並非字多、字少。」作為分界，認為《春秋》經文是據策書而來，《左傳》則依簡牘產生。而西河對於孔疏的第三項說法，則採否定態度，《春秋毛氏傳》桓十五年經：「五月，鄭伯突出奔蔡。」下云：

> 故杜氏〈春秋序〉云：「大事書之于策，小事簡牘而已。」正言《春秋》經傳，事之多字者，必書于策，傳文載事煩，故策書之；事之少字者，可書簡牘，經文祗題目，即簡牘而書已盡。其云大小者，多少之謂，北人稱多少曰大小故也。……故《正義》有云：「經據策書，傳憑簡牘。」此又言經之題目，據傳為文，而傳之記事，又憑經立義，所謂經傳相需者，非謂經是策而傳是簡也。（卷八，頁 15～16）

西河將簡策之字多、字少，與經傳之大事、小事相結合，認為《春秋》經文即是簡書，《左傳》即是策書，並且將簡、策分書之概念制度化，認為是先秦史官本有之書法制度。

但不管是孔穎達之疏解，或西河之理解，總之，簡、策分書之概念實源

以《鉤命決》云：『《春秋》二尺四寸書之。《孝經》一尺二寸書之。』故知六經之策，皆稱長二尺四寸，蔡邕言二尺者，謂漢世天子策書所用，故與六經異也。簡之所容一行字耳，牘乃方版，版廣於簡，可以並容數行，凡為書字有多有少，一行可盡者，書之於簡，數行乃盡者，書之於方，方所不容者，乃書於策，〈聘禮〉記曰：『若有故則加書，將命百名以上書於策，不及百名書於方。』鄭玄云：『名，書文也，今謂之字，策，簡也。方，版也。』其是字少則書簡，字多則書策，此言大事小事，乃謂事有大小，非言字有多少也。大事者，謂君舉告廟，及鄰國赴告，經之所書皆是也。小事者，謂物不為災，及言語文辭，傳之所載皆是也。大事後雖在策，其初亦記於簡，何則？弒君大事，南史欲書崔杼，執簡而往，董狐既書趙盾以示於朝，是執簡而示之，非舉策以示之，明大事皆先書於簡，後乃定於策也。其有小事，文辭或多，如呂相絕秦、聲子說楚，字過數百，非一牘一簡所能容者，則於衆簡牘以次存錄也。杜所以知其然者，以隱十一年傳例云：『滅不告敗，勝不告克，不書于策。』明是大事來告，載之策書也。策書不載，丘明得之，明是小事傳聞，記於簡牘也。以此知仲尼脩經，皆約束策書成文，丘明作傳，皆博采簡牘衆記，故隱十一年注云：『承其告辭，史乃書之于策，若所傳聞行言，非將君命，則記在簡牘而已，不得記於典策。此蓋周禮之舊制也。』又莊二十六年經皆無傳，傳不解經，注云：『此年經傳各自言其事者，或策書雖存而簡牘散落，不究其本末，故傳不復申解。』是言經據策書，傳馮（憑）簡牘，經之所言，其事大：傳之所言，其事小，故知小事在簡，大事在策也。」頁9。

自杜預〈春秋序〉「大事書之於策，小事簡牘而已。」但杜預所言實爲漢以後之情況，如稱「簡牘」，事實上，竹簡與木牘實有分別，據錢存訓《中國古代書史》考證，竹簡之使用應早於木牘，木牘爲竹簡之代用品，其通行使用爲東漢平帝之後，〔註9〕其說以文獻記載佐以出土文物，應爲可信。可見杜預是以當時之書寫工具推測《春秋》之撰述情況。其實春秋時代，木牘並未通行。再者，對於簡、牘之用途，錢氏《中國古代書史》續有說明云：

> 根據記載，木牘大都用於公文、律令、短簡及私人函束；而竹簡則
> 用於文學著作以及篇幅較長的書籍。〔註10〕

由於簡牘用途有如此之分別，才使杜預興發簡、策分書之概念。但事實上，簡即是策，單一爲竹簡，連編則爲策，先秦時簡、策已可混稱，漢以後以簡牘合稱，指形製較小，木牘一類之書寫工具，杜預以當時書寫工具的情況推論《春秋》之撰述情形，孔穎達以疏不破注之解經原則，加以疏解，西河又承繼此說，認爲是先秦史官之書法，於是簡、策分書之概念，踵事增華，愈加完整，其實《春秋》經傳之撰作，未必眞有簡、策分書之制度。

二、所舉例證之缺失

對於西河簡、策分書概念之淵源有所了解後，可知《春秋》簡、策分書的情形，應是不存在。至於西河所舉之例證，在此有加以申明辨析的需要。本文第三章介紹簡、策分書之概念時，已略述西河引證常有曲解原意的缺失，並於西河引用原典之處，按覈原文，加以比較，標注差異於引文之後，在此則作較全面之檢討。

西河認爲《周禮》之內史、外史分掌志、記，爲簡、策分書的來源，《周

〔註9〕錢存訓著，《中國古代書史》第五章〈竹簡和木牘〉云：「雖然『簡牘』已成爲一個名詞，竹木的使用也相提並論；但最初用以書寫的材料，相信是竹簡而非木牘。木牘的使用應該較後，或者是作爲竹簡的代替品。其論據如下：第一、簡面狹窄，通常僅容字一行，當爲竹簡剖析爲平面後的面積所局限，因此成爲簡牘形式的傳統。如最初用木牘，則版面寬廣，不致成爲這種僅容字一行的狹直形式。第二，簡字從竹，竹帛並用，屢見於先秦古籍，而牘字的使用，至漢代始見於文獻。第三，文獻記載及近年出土的戰國漢初簡策，多係竹質；歷來出土的木牘，皆係東漢前後之物，或在西北邊遠不產竹的地區所出土。據此可知，竹簡的使用，應先於木牘；木牘可能是竹簡的代用品，爲漢代在公元後通行的書寫材料。」頁85。
〔註10〕同註9，見第五章〈竹簡和木牘〉，頁95。

禮》云：

> 內史掌王之八枋之灋，以詔王治。……掌敘事之灋，受納訪，以詔
> 王聽治。凡命諸侯及孤卿大夫，則策命之。凡四方之事書，內史讀
> 之。……外史掌書外令，掌四方之志，掌三皇五帝之書，掌達書名
> 于四方，若以書使于四方，則書其令。〔註11〕

西河認為內史是「書四方之事，而讀于王前」，外史為「掌四方之志」。（《春
秋毛氏傳》卷一，頁3）但「事書」為名詞，是指四方諸侯所呈獻之奏疏，內
史負責奏讀於王前，所以實際上「事書」並非內史所寫；當然不可解釋為書
事。而外史「掌四方之志」，與下文「掌三皇五帝之書」相參照，可知是掌理
四方邦國史記，職責是典藏管理，這些志記當然也非外史所書寫，於此可見
西河扭曲原典意義之處。此外，西河舉《左傳》襄二十五年，崔杼弒齊君，
南史氏執簡以往，以及文十五年，宋司馬華孫舉其先臣督得罪殤公，名在諸
侯之策兩項記載，作為簡、策有別之證據。（《春秋毛氏傳》卷一，頁4）但事
實上，西河所舉之例證只能證明《左傳》中有言「簡」者、有言「策」者，
實不足以進而證明簡、策分書之制度存在。其實簡、策是同物而異名，單一
為竹簡、連編為策，兩者可以混稱，因此，《四庫全書總目・春秋毛氏傳提要》
認為簡、策並無定名，西河加以分別，是武斷之見，云：

> 鄭康成《中庸注》「策、簡也。」蔡邕《獨斷》亦曰：「策者，簡也。
> 其制長二尺，短者半之。」《春秋正義》曰：「大事書於策者，經之
> 所書也。小事書於簡者，傳之所載也。」又曰：「大事後雖在策，其
> 初亦記於簡。」據此，則經、傳、簡、策並無定名。故崔杼之事，
> 稱南史氏執簡，而華督之事，稱名在諸侯之策。其文互見，奇齡乃
> 以簡書、策書為經、傳之分，亦為武斷。〔註12〕

言「其文互見」，便是說明簡、策可以混稱。西河強將簡、策分別，作為《春
秋》經、傳差異之說明，不免有扭曲原典意義之處，所以《四庫提要》批評
西河簡、策分書之概念為「武斷」，確實頗中其病。

　　再者，西河以《國語・魯語》所載「書以為三筴。」〔註13〕牽附簡、策

〔註11〕同註4，見卷二十六，頁407～408。
〔註12〕同註2，見卷二十九〈春秋毛氏傳提要〉，頁587。
〔註13〕董增齡撰，《國語正義》卷四〈魯語上〉載云：「文仲聞柳下季之言，曰：『信
　　　　吾過也，季子之言，不可不法也。』使書以為三筴。」頁113。

分書之概念，認爲「三筴」即「三策」，一讀於本國，一上之王朝，一告之四方邦國。(《春秋毛氏傳》卷一，頁 4)但董增齡《國語正義》疏解「三筴」云：

> 筴，簡書也者，《莊子‧駢拇篇》「挾筴讀書」是也。據昭四年傳，杜洩之言司徒書名、司馬與工正書服、司空書勳，故三卿卿一通也。
> 〔註14〕

可見簡書即是策書，西河強加區分，以「筴」爲「策」，認爲是簡、策分書之例，其實已有舛誤，《國語》所言之「三筴」，是指「三卿卿一通」，並非讀於本國、上之王朝、告於四方之三策。可見西河對於原典之意義，有曲解之嫌。

總之，西河常以例證佐助其說，增加說服力，但檢討西河引用原典之方式，卻可發覺有兩項缺失，一、引證與論旨並沒有緊密的關聯，如引《左傳》有言「簡」者、有言「策」者，實不足以進一步證明有簡、策分書之制度存在。二、引文違戾原意，如「事書」不能解釋爲「書事」等。前者爲穿鑿牽附，後者爲曲解原意，由此可知西河論證的方式，並非由證據來獲得結論，而是先持論，再以例證填充佐助，所以引證雖多，但卻並非全然允合論旨，甚至有時無法顧全例證之原意爲何，此實非學者應有之態度。

第四節　說解《春秋》之缺失

一、說解「春王正月」之穿鑿

《春秋》以時領月，如「春正月」、「夏四月」、「秋七月」、「冬十月」，雖然無事亦書，此爲通則，如果四時的首月無事，則書有事之旁月。但也有無事而書他月者，如莊二十二年夏五月，並無一事，卻書「五月」，西河認爲此爲誤文，(《春秋毛氏傳》卷十一，頁 7)總之，西河認爲書王、書時、書月都無關褒貶義例，詳見前文之論述。

而對於《春秋》「春王正月」的說解，西河以五行之觀念加以解釋，首先西河駁斥前人之說法。《春秋毛氏傳》隱元年經：「春王正月。」下云：

> 然而王何也？《公羊傳》云：「王，文王也。」謂文始受命，王之首也。然而文未改正也。故范氏《穀梁註》曰：「周王則改正之王者也。」謂周之先王改此朔者，非武王即成王也。然而改正耳，即改朔，亦

〔註14〕同註13，見卷四〈魯語上〉，頁 113，並參見第三章註5。

朔一月耳。曰：「王二月」、「王三月」何也？故杜氏序云：「王即平王。」蓋時王必頒朔，隱之時，則頒朔者，平王也。王有時不頒朔，則不書王。桓年多無王可驗也。然而劉炫已辨之，謂昭二十二年後，王室大亂，天王出奔狄泉矣，越五年而後反國，此時誰頒朔，而五年之間皆得書王，何爲也？故何休又曰：「王者，謂夏、殷、周三代之王也。王正月則周王也。周十一月也，王二月則殷王也，殷十二月也。王三月則夏王也，夏十三月也。」而服虔亦云：「孔子作《春秋》，其于春則每月書王以統三正。」謂夫三春之書王，將以禹、湯、文、武立三正統也。然此孔疏已辨之，謂夫子以周室臣民，反尊夏、殷之舊主，每月書王以敬奉前代，則何意乎？（卷二，頁3）

西河歷舉《公羊傳》之周文王說、范氏《穀梁註》之武王或成王說、杜氏序之頒朔時王說，以及何休、服虔之夏、商、周三代之王說等，加以駁斥，認爲諸說皆不符《春秋》書「春王正月」的原意，西河認爲應以「春王」爲句，西河又云：

然則何王乎？曰：世亦不知有春王耳，亦不知王之當屬春，不當屬正月耳。《左傳》曰：「春王周正月」，其云「春王」，則王屬春也。云「周正月」，則正月不屬王也，左氏亦惟恐經文難明，後世豎儒必有以王爲周王者，故書王周以例之，又必有以正爲王正者，故加周正以別之，而世讀其書而不之察也。（卷二，頁4）

西河引《左傳》「春王周正月」爲證，認爲左氏以「周」解釋「正月」，所以「王」字應上讀，作「春王」，其意是木王，西河又云：

夫春何以王也？王者，興也。謂春興也。春何以興？古者五德相禪，謂之五王，五王者，木、火、土、金、水也。五王遞爲王，而四時以春、夏、秋、冬配之，春木，夏火，秋金，冬水，各以時王，而土則通王于四時之間。……然則春之得稱王，與王之必屬春有斷然者。況《春秋》尊王之書也。春者，出也。《尚書大傳》曰：「萬物出地之時也。」又春者，寅也。〈律歷志〉云：「斗柄指寅方之候也。」今周以冬月爲歲首，此時萬物未出而斗柄指子，然猶稱春者，曰：此豈春哉？王在則然也。蓋春王也。（卷二，頁4～5）

由於《春秋》經文中夏、秋、冬三時並無加王者，而且《春秋》書「春王正月」時，實際上，此時仍是冬季並非春季，因爲周以夏時冬十一月爲歲首，

所以西河認爲應以「春王」爲句，而且「春」既非指春季，當有更深之涵意，因此推論「春王」是指「木王」，《春秋》書此，是用來標誌五行更替的木德之王。

但事實上，西河是以後起之陰陽五行思想解釋《春秋》，反而使《春秋》原旨更晦澀，論其荒謬，更甚於所批駁之諸家說法，《四庫全書總目·春秋毛氏傳提要》云：

> 然《左傳》「元年春王周正月」之文，本以周禮正歲、正日，兼用夏正，夏正亦屬王制。故變文稱王周正月，以爲建子之明文。而奇齡乃讀春王爲一句，周正月爲一句，謂王字乃木王於春之王，而非天王之王，其爲乖謬，殆更其於安國。〔註15〕

西河對於《胡傳》有關「春王正月」解說之批駁，是針對胡氏以夏時冠周月之說法，西河認爲《春秋》書時是用來標示五行之更替。（《春秋毛氏傳》卷二，頁6）《春秋》書「春王」，是標示五行更替之「木王」。對此，《四庫提要》認爲較《胡傳》更爲「乖謬」，《左傳》言「春王周正月」，是因周朝兼用夏時，所以標示「王周正月」，表示是以周朝建子爲歲首，亦即以夏時之十一月爲歲首，避免與夏正混淆，由此可知《春秋》「春王正月」之「王」字應下讀爲「王正月」，不應作「春王」，更不應以陰陽五行說法比附，解爲木德之王。

二、專主一說而曲排他家之武斷

由前之論述，可以發覺西河論證頗爲武斷，往往堅持己說，否定他家說法，固然可說是基於維護聖經之心態，強調建立正確及定於一尊之經典地位，但不能不說與其強辯固執之個性，也有關聯，例如尊崇《左傳》爲策書，便對《公》、《穀》說法多方排斥，此於前文已有論及，不再贅言，而且除對各家說法辯駁外，甚至對於《春秋》經文，西河也是強調定於一尊，認爲《公》、《穀》之經文，並非簡書原本，詳見《春秋簡書刊誤》卷一，例如《春秋》隱十一年經：「夏，公會鄭伯于時來。」「時來」《公羊》作「祁黎」。《春秋簡書刊誤》云：

> 「時」、「祁」同音，「來」、「黎」聲轉，總是謬誤，即「來」原可讀作「黎」，如商國萊侯即黎侯，吳人伐州來即楚州犁之采類，然《公》之讀犁，則仍是里音，如「如棠矢魚」，傳以得利爲登來，云齊人口

〔註15〕同註2，見卷二十九〈春秋毛氏傳提要〉，頁587。

語如是，其非史文瞭然耳。（卷一，頁 8）

西河已論定「來」、「黎」音可通轉，但仍然以里音加以駁斥，認爲並非《春秋》原本之文字。又如《春秋》隱五年經：「衛師入郕」，「郕」《公羊》作「盛」。《春秋簡書刊誤》云：

> 「郕」與「盛」原俱讀作成，然「郕」是國名，《史記・管蔡世家》稱郕叔武爲文王之子，武王之母弟，則同姓國也。雖他無所見，然文十二年郕太子奔魯，經書郕伯來奔，則固以伯爵而歷見于經者，乃復訛成「盛」，是「宋」可作「送」，「衛」可作「彗」，史文皆市㯼矣。（卷一，頁 6）

西河既已承認「郕」與「盛」皆讀作成，但卻否認同音假借，認爲郕既爲國名，應有定字，不應作「盛」。又如《春秋》文十二年經：「春伯使術來聘。」「術」《公羊》作「遂」，《春秋簡書刊誤》云：

> 「術」原通「遂」，〈學記〉「術有序」即「遂有序」。〈月令〉「審端經術」即「審端徑遂」。但人名須有專字，況此即西乞術，尤秦穆三帥之有名者。「皐陶」作「咎由」，以音同也。今「術」之與「遂」，則終是變音字矣。向使稱公子遂爲公子術，其能從乎？（卷二，頁 7）

雖然「術」與「遂」可以相通，但西河認爲人名應有定字，所以不當以「遂」作「術」，《公羊》書「遂」顯然有誤。而除對於《公羊》寫錄之經文批駁外，西河指出《穀梁》經文也有訛誤之處，如《春秋》莊七年經：「夏，四月，辛卯夜，恒星不見，夜中星隕如雨。」「辛卯夜」《穀梁》「夜」作「昔」，《春秋簡書刊誤》云：

> 《莊子》「昔昔夢爲國君」，謂夜夜也。樂府「夜夜曲」作「昔昔鹽」，然此經兩夜字，而上「夜」作「昔」，下「夜」不作「昔」，豈有此理。（卷一，頁 13～14）

西河所舉「昔昔夢爲國君」，實爲《列子》之語，[註16] 既已舉例證明「夜」、

〔註16〕張湛注《列子》卷三〈周穆王〉云：「周之尹氏大治產，其下趣役者，侵晨昏而弗息。有老役夫，筋力竭矣，而使之彌勤，晝則呻吟而即事，夜則昏憊而熟寐，精神荒散，昔昔夢爲國君，居人民之上，總一國之事，遊燕宮觀，恣意所欲，其樂無比，覺則復役。人有慰喻其勤者，役夫曰：『人生百年，晝夜各分，吾晝爲僕虜，苦則苦矣，夜爲人君，其樂無比，何所怨哉。』尹氏心營世事，慮鍾家業，心形俱疲，夜亦昏憊而寐，昔昔夢爲人僕，趨走作役，無不爲也。數罵杖撻，無不至也。眠中囈囏呻呼，徹旦息焉，尹氏病之。」頁 8。

「昔」可以通假，但西河認為經文應一致，所以批駁《穀梁》經文不應一作「昔」，一作「夜」。總之，西河希望確立經典之正確性，雖然知道有通轉假借的情形，仍然反對有差異的存在，論其捍衛經典權威之心態，固然無可厚非，但論證態度上卻失於武斷，有曲排他人的嫌疑，《四庫全書總目‧春秋簡書刊誤提要》云：

> 是書刊正三傳經文之誤，其以簡書名者，蓋仍執其傳據策書，經據簡書之說也。大旨以《左傳》為主，而附載《公》、《穀》之異文，辨證其謬。……又衛師入郕，《公羊》「郕」作「盛」，遂詆其「宋」將作「送」，「衛」將作「慧」。不知《穆天子傳》所載盛姬即郕國之女，《考古圖》「許」或作「鄦」，「魯」或作「鹵」，俱勒諸鐘鼎，斷非訛寫，古字異文如斯者眾，未可盡以今文繩之。又謂「昔恒星不見，夜中星隕如雨」，「昔」字訓夜，雖見《列子》，然不應一作「昔」，又一作「夜」，不知《列子》稱夜則昏憊而熟寐者，昔昔夢為國君，又稱夜亦昏憊而寐，昔昔夢為人僕，正「昔」、「夜」二字並用。又謂「皋陶」可作「咎繇」，由於音同，「西乞術」不可作「西乞遂」，由於音異，是以後世之平仄，律古人之傳音，不知〈檀弓〉以「木」為「彌牟」、《戰國策》以「包胥」為「勃蘇」者，不一而足也。如斯之類，特以偏主一家，曲加排斥，均為未得其平。〔註17〕

由於古字多異文，不能以後世情況，務求古籍文字毫無差異，而西河定《左傳》經文於一尊，對於《公》、《穀》多方批駁，甚至曲加排斥，其實並不公允，所以《四庫提要》批評西河「偏主一家」，「未得其平」，確實為西河論證態度之缺失。

〔註17〕同註2，見卷二十九〈春秋簡書刊誤提要〉，頁588～589。

第五章 結 論

　　支偉成《清代樸學大師列傳》引章太炎先生之言云：

> 阮伯元好尚新奇，故《學海堂經解》有取毛氏，其實毛本文士，絕
> 不知經，偶一持論，荒誕立見，故自昔無有取毛氏者，不當徇阮氏
> 之私言也。〔註1〕

所以支偉成《清代樸學大師列傳》一書不收西河，〔註2〕其實西河以文人從事
經學之學術性格，李塨早已論及，並且認爲與其盛氣批駁之態度，頗有關聯，
云：

> 河右所著，間有被人駁者，輒赫然立壘攻擊。……而不免盛氣護前
> 者，想其少年原自辭章入，歐陽子謂文詞難工而可喜，易悅而自足，
> 故自持一論，遂有專固。〔註3〕

經由本文之研究，確實可以發覺西河立論稍嫌武斷，引文也常有乖謬原典意
涵之處，詳見第四章之論述，李塨認爲此是文人撰作辭章之積習，喜歡專固
持論，立壘攻擊。事實上，《文心雕龍·序志篇》所云之「辭人愛奇，言貴浮
詭。」〔註4〕確實能掌握文人性格之通則，阮元喜好西河立論之新奇，所以也
就容忍西河言辭之浮詭，章太炎先生著重經學原旨，厭棄西河之浮詭，所以
對於西河解經也就不甚贊同。其實如果對於西河有同情之了解，便可察覺西

〔註1〕 引自支偉成著《清代樸學大師列傳·敘目》所列之小註。頁2。
〔註2〕 同註1，章太炎云：「毛奇齡於經學謬亂之處甚多，應刪。」〈序目〉頁2。所
　　　　以支偉成《清代樸學大師列傳》不列西河。
〔註3〕 見馮辰纂《李恕谷先生年譜》卷五，頁20。李塨所言是綜論西河、王崑繩、
　　　　方靈皋三人爲學之態度，也有助於了解西河。
〔註4〕 語見劉勰著《文心雕龍·序志篇》，王師更生注譯，《文心雕龍讀本》，頁382。

河在學術上的努力，正標示清初學術風氣轉變之過程，〔註5〕再者，西河論證雖有穿鑿牽附，稍嫌武斷之處，但以文人論經，擺脫前人經解之窠臼，確實有許多創造性之見解，如果能慎加取擇，西河之見解，確實能提供新的思考方式，例如以史實立場說解《春秋》，就迴異於一般儒者所秉持之經學主張，至於提高《春秋》經文之地位，更是有功於聖學。所以不應全然加以摒棄，使西河專力研經之苦心孤詣，隱而不彰。

在此，歸納西河《春秋》學之要點如下：

一、西河批駁《胡傳》，認爲《胡傳》承襲《公》、《穀》之說法，不上究孔子意旨，取徑已有舛誤。而且說解《春秋》有前後矛盾、違戾事理之處，實不足以用來闡明孔子之《春秋》大義，所以應掃除《胡傳》之權威地位。

二、標示《春秋》經文之重要性，認爲穿貫之義理事蹟，可以考校當時之禮文典制，駁斥宋人《春秋》斷爛朝報之說法，矯正一般儒者研究《春秋》僅重視傳文而輕忽經文之習。

三、以簡、策分書說明《春秋》經、傳，並且進而闡發簡、策分書之概念爲先秦存於各國之史官制度。並以此取代歷來以傳明經之解經方式。

四、援據《禮記·經解篇》之「屬辭比事」，〔註6〕作爲研讀《春秋》之方法，並且與《孟子·離婁下》所言「其事則齊桓、晉文，其文則史。」〔註7〕之說法相配合，認爲是合屬散漶之史文，比類畔亂之載事。〔註8〕

〔註5〕 阮元撰〈毛西河檢討全集後序〉云：「國朝經學盛興，檢討首出于東林、蕺山講學標榜之餘，以經學自任，大聲疾呼，而一時之廢疾頓起。當是時，充宗起于浙東，朏明起于浙西，寧人、百詩起于江、淮之間。檢討以博辨之才，睥睨一切，論不相下，而道實相成。迄今學者日益昌明。大江南北著書授徒之家數十，視檢討而精核者固多，謂非檢討開始之功則不可。檢討推溯太極、河洛在胡朏明之先，發明荀、虞、干、侯之《易》，在惠定宇之先。于《詩》駁申氏之僞，于《春秋》指胡氏之偏。三禮、四書所辨正尤博，至于古文詩詞，後人得其一已足以自立于千古，而檢討猶不欲以留于世，則其長固不可以一端盡矣。」見《毛西河先生全集》卷首〈毛西河檢討全集後序〉，頁1，阮元所強調的是西河由講學標榜轉而論經考史，有開啓風氣之功。

〔註6〕 見鄭玄注，孔穎達疏，《禮記注疏》卷二十六〈經解篇〉，頁845。

〔註7〕 見趙岐注，孫奭疏，《孟子注疏》卷八上〈離婁下〉，頁146。

〔註8〕 西河《春秋屬辭比事記》卷一云：「夫辭何以屬？謂夫史文之散漶者，宜合屬

五、歸納《春秋》經文為二十二門部，認為《春秋》經文只是標誌這些
　　門部題目，不載事情緣由。事情緣由必須由策書得知。

六、以禮、事、文、義四例說解《春秋》經文，矯正一般儒者僅求孔子
　　筆削《春秋》之大義，而忽略《春秋》載有當時典制事蹟之內容。

七、著重《春秋》史書之性質，務求經文記述之產生緣由，有助於客觀
　　說解《春秋》，而非主觀揣測筆削大義。據此，西河駁斥以往儒者說
　　解《春秋》所立書人、書爵、書日、書時等義例。

總之，西河廓清《胡傳》之權威，消除前人所立之諸多義例，直探《春
秋》原旨，李塨即言西河《春秋》學可以顯豁《春秋》之旨，〈春秋毛氏傳序
目〉云：

> 塨世受經學，長而遍游諸經師之門，其于《春秋》，亦既浸淫乎其間，
> 而茫無畔岸，讀先生之書而豁然，而擴然，而浩浩然，夫塨豈不深
> 觀乎漢後諸儒，與宋、元、明迄今之為《春秋》者，而敢漫然贊一
> 詞也乎。（頁3）

所以應可肯定西河《春秋》學之貢獻，如呂思勉之《經子解題》云：

> 讀毛奇齡之〈春秋屬辭比事表〉，已盡《春秋》之能事矣。〔註9〕

程發軔之《春秋要領》云：

> 毛氏之屬辭比事，乃就事相類，辭之相屬者，分例比之，而一準乎
> 禮，則大義自見，而又不為例所拘，深得《春秋》之教，而為學者
> 所易解。〔註10〕

可見西河《春秋》學之主張，確有獨到之處，可以引領吾人對《春秋》有新
的觀點，所以本文務求呈現西河《春秋》學中精粹之見解，並考察其時代背
景所產生之影響，至於西河立論穿鑿，引證謬失等缺點，則盡量予以釐清規
正。阮元〈毛西河檢討全集後序〉云：

> 議之者以檢討（西河）好辨善罵，且以所引證索諸本書，間有不合
> 也。余謂善論人者，略其短而著其功，袞其長而正其誤。若苛論之，
> 雖孟、荀無完書矣。（〈卷首·序〉，頁1）

本文即以「略其短而著其功，袞其長而正其誤。」作為研求之態度，來理解

也。事何以比？謂夫史官所載之事畔亂參錯，而當為之比以類也。」頁1。
〔註 9〕見呂思勉撰，《經子解題》，頁71。
〔註10〕見程發軔著，《春秋要領》，頁14。

西河《春秋》學之內容，並表彰其精到之見解。當然西河經學之著作甚多，不僅《春秋》一端，其整體之經學思想內容，以及對清代學風轉變之具體影響，則尚待進一步之追究，如此，對清初開疆定宇，承先啓後之學風，當有更全面之認識。

然而西河經解繁雜，不易研讀，立論引據，也間有牴牾矛盾之處，再者，又乏相關之研究成果，可資憑藉，此皆造成研究上之困難。在此，尚祈博雅君子，能惠予意見，不吝指導，以期有更深入之研究成果。

參考書目

一、毛奇齡之著作

1. 《毛西河先生全集》，毛奇齡撰，李塨等編，康熙年間刊本。

2. 《毛西河先生全集》，毛奇齡撰，李塨等編，嘉慶元年刊本。

3. 《西河集》，毛奇齡撰，臺灣商務印書館影印文淵閣《四庫全書》本。

4. 《春秋毛氏傳》，毛奇齡撰，嘉慶元年刊《毛西河先生全集》本。

5. 《春秋占筮書》，毛奇齡撰，嘉慶元年刊《毛西河先生全集》本。

6. 《春秋條貫篇》，毛奇齡撰，嘉慶元年刊《毛西河先生全集》本。

7. 《春秋簡書刊誤》，毛奇齡撰，嘉慶元年刊《毛西河先生全集》本。

8. 《春秋屬辭比事記》，毛奇齡撰，嘉慶元年刊《毛西河先生全集》本。

9. 《論語稽求篇》，毛奇齡撰，嘉慶元年刊《毛西河先生全集》本。

二、《春秋》類之傳注及著作

1. 《春秋左傳注疏》，杜預注，孔穎達疏，藝文印書館《十三經注疏》本，民國 74 年 12 月十版。

2. 《左傳會箋》，杜預集解，竹添光鴻會箋，廣文書局，民國 50 年 9 月初版。

3. 《春秋左傳今註今譯》，李宗侗註譯，臺灣商務印書館，民國 69 年 5 月初版。

4. 《左傳分國集注》，韓席籌編註，華世出版社，民國 64 年 10 月臺一版。

5. 《春秋左氏學述要》，李振興撰，收入《羣經述要》，高仲華編，黎明文化事業公司，民國 68 年 10 月初版，民國 78 年 1 月三版。

6. 《左傳導論》，張高評著，文史哲出版社，民國 71 年 10 月初版。

7. 《左傳論文集》，陳新雄、于大成主編，木鐸出版社，民國 65 年 5 月出版。

8. 《春秋左傳研究》，童書業著，上海人民出版社，1980 年 10 月第一版。

9. 《春秋公羊傳注疏》，何休注，徐彥疏，藝文印書館《十三經注疏》本，民國 70 年 12 月十版。

10. 《春秋公羊傳今註今譯》，李宗侗註釋，臺灣商務印書館，民國 62 年 5 月初版。

11. 《春秋公羊傳述要》，呂凱撰，收入《羣經述要》，高仲華編，黎明文化事業公司，民國 68 年 10 月初版，民國 78 年 1 月三版。

12. 《春秋公羊傳要義》，李新霖著，文津出版社，民國 78 年 5 月出版。

13. 《春秋穀梁傳注疏》，范寧注，楊士勛疏，藝文印書館《十三經注疏》本，民國 74 年 12 月十版。

14. 《春秋穀梁傳述要》，王熙元撰，收入《羣經述要》，高仲華編，黎明文化事業公司，民國 68 年 10 月初版，民國 78 年 1 月三版。

15. 《春秋三傳比義》，傅隸樸著，臺灣商務印書館，民國 72 年 5 月初版。

16. 《春秋三傳考異》，謝秀文著，文史哲出版社，民國 73 年 8 月初版。

17. 《春秋三傳研究論集》，戴君仁等著，黎明文化事業公司，民國 70 年元月初版，民國 78 年 2 月三版。

18. 《春秋要領》，程發軔著，東大圖書公司，民國 78 年 4 月初版。

19. 《春秋本例》，崔子方撰，臺灣商務印書館影印文淵閣《四庫全書》本。

20. 《春秋五禮例宗》，張大亨撰，臺灣商務印書館影印文淵閣《四庫全書》本。

21. 《春秋通訓》，張大亨撰，臺灣商務印書館影印文淵閣《四庫全書》本。

22. 《春秋傳》，胡安國撰，臺灣商務印書館影印文淵閣《四庫全書》本。

23. 《春秋比事》，沈棐撰，臺灣商務印書館影印文淵閣《四庫全書》本。

24. 《春秋集註》，張洽撰，臺灣商務印書館影印文淵閣《四庫全書》本。

25. 《春秋纂言》，吳澄撰，臺灣商務印書館影印文淵閣《四庫全書》本。

26. 《春秋師說》，趙汸撰，臺灣商務印書館影印文淵閣《四庫全書》本。

27. 《春秋屬辭》，趙汸撰，臺灣商務印書館影印文淵閣《四庫全書》本。

28. 《春秋胡傳附錄纂疏》，汪克寬撰，臺灣商務印書館影印文淵閣《四庫全書》本。

29. 《春秋春王正月考》，張以寧撰，臺灣商務印書館影印文淵閣《四庫全書》本。

30. 《春秋大全》，胡廣等撰，臺灣商務印書館影印文淵閣《四庫全書》本。

31. 《清儒春秋彙解》，抉經心室主人編，鼎文書局，民國 61 年 4 月初版。

32. 《春秋三傳及國語之綜合研究》，顧頡剛講授，劉起釪筆記，巴魯書社，

1988 年 3 月一版。

33. 《杜預及其春秋左氏學》，葉政欣著，文津出版社，民國 78 年 10 月出版。

34. 《春秋史論集》，張以仁著，聯經出版事業公司，民國 79 年元月初版。

35. 《春秋吉禮考辨》，周何著，嘉新水泥公司文化基金會，民國 59 年 10 月初版。

36. 《春秋宋學發微》，宋鼎宗著，文史哲出版社，民國 72 年 2 月初版，民國 75 年 9 月增訂再版。

37. 《春秋胡氏學》，宋鼎宗著，友寧出版社，民國 67 年 6 月初版，民國 68 年 3 月再版。

38. 《春秋辨例》，戴君仁著，臺灣中華書局，民國 53 年 10 月印行。

三、經學之著作

1. 《尚書注疏》，孔安國傳，孔穎達疏，藝文印書館《十三經注疏》本，民國 74 年 12 月十版。

2. 《尚書今註今譯》，屈萬里註譯，聯經出版事業公司，民國 73 年 7 月初版。

3. 《尚書集釋》，屈萬里著，聯經出版事業公司，民國 72 年出版。

4. 《周禮注疏》，鄭玄注，賈公彥疏，藝文印書館《十三經注疏》本，民國 74 年 12 月十版。

5. 《周禮今註今譯》，林尹註譯，臺灣商務印書館，民國 61 年 9 月初版，民國 63 年 11 月二版。

6. 《儀禮注疏》，鄭玄注，賈公彥疏，藝文印書館《十三經注疏》本，民國 74 年 12 月十版。

7. 《禮記注疏》，鄭玄注，孔穎達疏，藝文印書館《十三經注疏》本，民國 74 年 12 月十版。

8. 《禮記今註今譯》，王夢鷗註譯，臺灣商務印書館，民國 58 年 11 月初版，民國 60 年 1 月二版。

9. 《論語注疏》，何晏注，邢昺疏，藝文印書館《十三經注疏》本，民國 74 年 12 月十版。

10. 《孟子注疏》，趙岐注，孫奭疏，藝文印書館《十三經注疏》本，民國 74 年 12 月十版。

11. 《孟子正義》，焦循撰，臺北世界書局，民國 45 年出版。

12. 《經義考》，朱彝尊編，臺灣中華書局，民國 59 年臺二版。

13. 《中國經學史》，馬宗霍撰，臺灣商務印書館，民國 66 年 1 月出版。

14. 《經學通論》，皮錫瑞撰，臺灣商務印書館，民國 58 年 9 月出版。

15. 《經學歷史》，皮錫瑞撰，藝文印書館，民國 76 年 10 月二版。

四、史學、書目提要之著作

1. 《史記會注考證》，瀧川龜太郎著，洪氏出版社，民國 71 年 10 月再版。

2. 《漢書》，班固撰，顏師古注，洪氏出版社，民國 64 年 9 月三版。

3. 《宋史》，脫脫撰，鼎文書局，民國 67 年 9 月出版。

4. 《清史稿》，趙爾巽等撰，北京中華書局，1977 年 8 月一版。

5. 《大清聖祖仁（康熙）皇帝實錄》，覺羅勒德洪著，華聯出版社，民國 53 年 9 月出版。

6. 《嶄新校注本國語》，左丘明撰，韋昭注，里仁書局，民國 70 年出版。

7. 《國語正義》，董增齡撰，日本京都，中文出版社，1980 年 1 月出版。

8. 《紹興府志》，李亨特總裁，平恕等修，成文出版社據清乾隆五十七年刊本影印，民國 64 年臺一版。

9. 《重修山陽縣志》，文彬、孫雲等纂修，成文出版社據清同治十二年刊本影印，民國 72 年 3 月臺一版。

10. 《蕭山縣志稿》，張宗海等修，楊士龍等纂，成文出版社據民國 24 年鉛印本影印，民國 59 年 4 月臺一版。

11. 《明遺民錄》，孫靜庵編著，趙一生標點，浙江古籍出版社，1985 年 7 月初版。

12. 《清代七百名人傳》，蔡冠洛著，上海世界書局，民國 26 年出版。

13. 《清代樸學大師列傳》，支偉成著，岳麓書社，1986 年 3 月初版。

14. 《清代學者象傳合集》，葉衍蘭、葉恭綽編，上海古籍出版社，1989 年 7 月一版。

15. 《清儒學案》，徐世昌編纂，燕京文化事業公司，民國 65 年 6 月初版。

16. 《清儒學案新編》（一），楊向奎著，齊魯書社，1985 年 2 月第一版。

17. 《己未詞科錄》，秦瀛輯，收入周駿富編《清代傳記叢刊》，明文書局，民國 74 年 5 月初版。

18. 《文獻徵存錄》，錢林輯，王藻編，收入周駿富編《清代傳記叢刊》，明文書局，民國 74 年 5 月初版。

19. 《今世說》，王晫撰，收入周駿富編《清代傳記叢刊》，明文書局，民國 74 年 5 月初版。

20. 《國史文苑傳稿》，阮元等撰，收入周駿富編《清代傳記叢刊》，明文書局，民國 74 年 5 月初版。

21. 《詞林輯略》，朱汝珍輯，王藻編，收入周駿富編《清代傳記叢刊》，明文書局，民國 74 年 5 月初版。

22. 《新世說》，易宗夔撰述，收入周駿富編《清代傳記叢刊》，明文書局，民

國 74 年 5 月初版。

23. 《儒林集傳錄存》，阮元撰，周駿富編，收入周駿富編《清代傳記叢刊》，明文書局，民國 74 年 5 月初版。

24. 《儒林瑣記》，朱克敬撰，周駿富編，收入周駿富編《清代傳記叢刊》，明文書局，民國 74 年 5 月初版。

25. 《顏李師承記》，徐世昌纂，收入周駿富編《清代傳記叢刊》，明文書局，民國 74 年 5 月初版。

26. 《鶴徵前錄》，李集撰，李富孫、李遇春續，收入周駿富編《清代傳記叢刊》，明文書局，民國 74 年 5 月初版。

27. 《清代傳記叢刊索引》，周駿富編，明文書局，民國 74 年 5 月初版。

28. 《朱竹垞先生年譜》，楊謙編，收入《曝書亭集詩注》，清乾隆間木山閣刊本。

29. 《李恕谷先生年譜》，馮辰纂，廣文書局，民國 60 年 11 月初版。

30. 《邵念魯先生年譜》，姚名達編，臺灣商務印書館，民國 71 年 5 月初版。

31. 《胡朏明先生年譜》，夏定域編，臺灣商務印書館，民國 67 年 7 月初版。

32. 《閻潛邱先生年譜》，張穆編，廣文書局，民國 60 年 11 月初版。

33. 《中國歷代名人年譜總目》，王德毅編，華世出版社，民國 68 年 1 月初版。

34. 《明清儒學家著述生卒年表》，麥仲貴著，臺灣學生書局，民國 66 年 9 月初版。

35. 《直齋書錄解題》，陳振孫撰，上海古籍出版社，1987 年 12 月一版。

36. 《四庫全書總目提要》，紀昀等撰，臺灣商務印書館印文淵閣《四庫全書》本。

五、子部及文集之著作

1. 《列子》，張湛注，臺灣中華書局，民國 71 年 11 月臺五版。

2. 《文選》，蕭統編，李善注，文津出版社，民國 76 年 7 月出版。

3. 《文心雕龍讀本》，劉勰著，王師更生注釋，文史哲出版社，民國 74 年 3 月初版。

4. 《石徂徠集》，石介撰，《叢書集成新編》本，新文豐出版公司。

5. 《雙溪集》，蘇籀撰，《叢書集成新編》本，新文豐出版公司。

6. 《朱子語類》，黎靖德編，文津出版社，民國 75 年 12 月出版。

7. 《亭林文集》，顧炎武著，新興書局據上海書坊石印本影印，民國 45 年出版。

8. 《原抄本日知錄》，顧炎武著，文史哲出版社，民國 68 年 4 月出版。

9. 《學餘堂文集》，施閏章撰，臺灣商務印書館影印文淵閣《四庫全書》本。

10. 《憺園文集》，徐乾學撰，清康熙三十六年崑山徐氏冠山堂刊本。

11. 《恕谷後集》，李塨著，《叢書集成新編》本，新文豐出版公司。

12. 《思復堂文集》，邵廷采撰，華世出版社，民國66年臺一版。

13. 《鮚埼亭集》，全祖望撰，華世出版社，民國66年3月初版。

14. 《兩般秋雨盦隨筆》梁紹壬撰，上海古籍出版社，1982年8月一版。

15. 《弘道書》，費密撰，《怡蘭堂叢書》第七種，藝文印書館，民國66年出版。

六、近人著作

1. 《中國古代書史》又名《書於竹帛》，錢存訓著，香港中文大學，1975年3月初版。

2. 《中國近三百年學術史》，梁啓超著，華正書局，民國73年8月初版。

3. 《中國近三百年學術史》，錢穆撰，臺灣商務印書館，民國26年5月初版，民國72年11月臺八版。

4. 《中國近三百年學術思想論集》，存萃學社編集，出版項不詳，1978年6月出版。

5. 《中國近三百年學術思想論集五編》，甲、乙兩集，存萃學社編集，周康燮主編，崇文書局，1974年1月出版。

6. 《中國思想史》，韋政通著，水牛出版社，民國69年4月初版，民國75年10月八版。

7. 《新編中國哲學史》，勞思光著，三民書局，民國70年1月初版，民國75年12月增訂再版。

8. 《史籍舉要》，柴德賡撰，漢京文化事業公司，民國74年10月初版。

9. 《先秦文史資料考辨》，屈萬里著，聯經出版事業公司，民國72年初版。

10. 《明代考據學研究》，林慶彰著，學生書局，民國72年7月初版，民國75年10月修訂再版。

11. 《明清社會經濟變遷論》，傅衣凌著，人民出版社，1989年1月一版。

12. 《明清實學思潮史》，陳鼓應、辛冠潔、葛榮晉主編，齊魯書社，1989年7月一版。

13. 《近代經學與政治》，湯志鈞著，北京中華書局，1989年8月一版。

14. 《周予同經學史論著選集》，朱維錚編，上海人民出版社，1983年11月一版。

15. 《清人文集別錄》，張舜徽著，明文書局，民國71年2月出版。

16. 《清代思想史》，陸寶千著，廣文書局，民國72年9月三版。

17. 《清代學術史研究》，胡楚生著，臺灣學生書局，民國77年2月初版。

18. 《清代學術概論》,梁啓超著,臺灣商務印書館,民國10年2月初版,民國74年2月臺二版。

19. 《清初的羣經辨偽學》,林慶彰著,文津出版社,民國79年3月出版。

20. 《理解的命運》,殷鼎著,東大圖書公司,民國79年1月初版。

21. 《經子解題》,呂思勉撰,復文圖書出版社,民國72年10月出版。

22. 《當代西方哲學與方法論》,臺大哲學系主編,東大圖書公司,民國77年3月初版。

23. 《解釋學簡論》,高宣揚著,遠流出版事業公司,1988年10月臺初版。

24. 《檢論》章太炎著,收入上海人民出版社編《章太炎全集》,上海人民出版社,1984年7月初版。

25. 《科學革命的結構》,孔恩著,王道還編譯,遠流出版事業公司,1989年7月增訂新版。

七、期刊論文

1. 〈春每月書王解〉,施之勉撰,《東方雜誌》第四十卷第六號,民國33年3月。

2. 〈春秋時月日例辨正總論〉,戴君仁撰,《東海學報》三卷一期,民國50年6月。

3. 〈胡安國春秋砭宋說〉,宋鼎宗撰,《成功大學學報》第十三卷人文篇,民國67年5月。

4. 〈清代考證學淵源和發展之社會史的觀察〉,羅炳綿撰,《新亞學術集刊》,第二卷,民國68年。

5. 〈春秋「王正月」真義之探討〉,鄭均撰,中央日報,民國69年2月12日十一版。

6. 〈清初學風與乾嘉考證之學〉,張火慶撰,《中華文化復學月刊》第十五卷第六期,民國71年6月。

7. 〈晚明經學的復興運動〉,林慶彰撰,《書目季刊》十八卷三期,民國73年12月。

8. 〈論明清之際經學的復興〉,黃紹海撰,《江海學刊》,1984年6月。

9. 〈明末清初經學研究的回歸原典運動〉,林慶彰撰,《國際孔學會議論文集》,1988年6月。

附錄：《春秋》書例與國家體制※

提　要

本文重新檢視《春秋》書例問題，微言大義，恐非書日書月，正例變例，於一字一句間定褒貶罪責而已，所謂「上明三王之道，下辨人事之紀，別嫌疑、明是非、定猶豫，善善惡惡，賢賢賤不肖，存亡國，繼絕世，補敝起廢，王道之大者也」，存亡繼絕，豈非關乎大者，補敝起廢，尤賴建極立制，所以祛除歧出，分別同異，《春秋》編年爲體，四時具而成年，《公羊》既彰乎尊王一統之義；據魯史而成文，三傳發揮分別內外之旨；綜整《春秋》二十二門部，更明見彰顯典制之主張。於是上明天道，下定綱紀，既有天下定乎一的觀念，又深具主體意識，體制嚴然，數千年以來，維繫中國之一統，建構國族思想，明別上下，留意分際，豈非《春秋》大義，聖人之宏謨遠慮，因革損益，立百代垂範之典，用意深矣。

關鍵字：春秋，三傳，春秋書例，國家體制

※ 本文曾發表於 2003/10/18 中華民國儒家學術學會主辦「第一屆臺灣與儒家學術思想研討會」，乃是從毛西河《春秋》學衍生而出的討論，經修改後，收入《毛西河及其春秋學之研究》，作爲附錄。

壹、前　言

　　《春秋》以事明義，既彰乎匡時之效，以達爲後世制法之用，只是微言大義，前人以爲難解，傳注分歧，後人無所適從，所以五經之中，《春秋》號爲難治〔註1〕，但如果返其根本，追溯《孟子》所載：

> 世衰道微，邪說暴行有作，臣弒其君者有之，子弒其父者有之。孔子懼，作《春秋》。《春秋》，天子之事也，是故孔子曰：「知我者，其惟《春秋》乎？罪我者，其惟春秋乎？」（《孟子・滕文公下》）

> 王者之跡熄而《詩》亡，《詩》亡然後《春秋》作，晉之《乘》、楚之《檮杌》，魯之《春秋》，一也。其事則齊桓、晉文，其文則史，孔子曰：「其義，則丘竊取之矣。」（《孟子・離婁下》）

研究《春秋》既然是儒學研究必須克服的問題，孔子言「其義，則丘竊取之矣」、「知我者其惟《春秋》乎」，強調其事、其文既非所重，也就可以了解孔子所謂之義，當是彰顯對治世局的原則與規範，所以才有「天子之事也」的推論，因此了解其中關鍵，當可推測明其褒貶是手段，彰明體制才是《春秋》的根本。〔註2〕

　　所以《春秋》不能只以歷史人物的功過帳簿看待，經權之間，嘗試在形上規範與人事紛雜中，尋求基本的定位，其中一字一句，實關乎個人乃至於家國人倫之間關係的拿捏，補敝起廢，上明天道，下定綱紀，自有微言深意，此一觀點，漢人尚能掌握，司馬遷〈太史公自序〉云：

> 夫《春秋》，上明三王之道，下辨人事之紀，別嫌疑、明是非、定猶豫，善善惡惡，賢賢賤不肖，存亡國，繼絕世，補敝起廢，王道之大者也。……壺遂曰：「孔子之時，上無明君，下不得任用，故作《春秋》，垂空文以斷禮義，當一王之法。」〔註3〕

〔註1〕何休〈春秋公羊注疏序〉（《春秋公羊傳注疏》十三經注疏本　臺北縣：藝文印書館，1985年12月）云：「傳《春秋》者非一，本據亂而作，其中多非常異義可怪之論，說者疑惑，至有倍經任意反傳違戾者，其勢雖問不得不廣，是以講誦師言至於百萬猶有不解，時加釀嘲辭，援引他經失其句讀，以無爲有，甚可閔笑者，不可勝記也。」頁3～4。

〔註2〕朱彝尊《經義考》（臺北：臺灣中華書局，1979年2月）卷一百六十八引趙孟何云：「《春秋》，天子之事，乃繼天立極之事，後世以褒貶賞罰爲天子之事者，失之。」頁7。糾正前人執著褒貶義例，對於《春秋》大義，當更有體會。

〔註3〕司馬遷撰，瀧川龜太郎考證《史記會注考證》（臺北：洪氏出版社，1982年10月）卷一百三十〈太史公自序〉頁1370～1371。

強調《春秋》是「王道之大者也」，所以漢人看待孔子為素王，而作《春秋》則是素王的事業，不同於後人解讀《春秋》的觀點，漢人更著意於孔子作《春秋》是「當一王之法」，具有救正世局，建構國家體制的用意，只是在後人引《春秋》斷獄後，《春秋》原本對於時局人事的指引功能，變成國家對於個人行為功過是非的考核，既失於宏觀，更使《春秋》詮釋陷於罪責問題的瑣碎爭辯中，例如朱子就質疑《春秋》書例不一致的情形，云：

> 聖人作《春秋》，正欲褒善貶惡，示萬世不易之法。今乃忽用此說以誅人，未幾又用此說以賞人，使天下後世皆求之而莫識其意，是乃後世弄法舞文之吏之所為也，曾謂大中至正之道而如此乎！〔註4〕

是非功過，常是見仁見智的問題，但在褒貶書例的觀點之下，必須提供標準，於此《春秋》卻是彼此矛盾，旨意不明，朱子甚至有「《春秋》煞有不可曉處」〔註5〕的感嘆，鄭樵有「以《春秋》為褒貶者，亂《春秋》者也」的論斷，而項安世更進而有書生操筆書之，亂臣賊子生懼，是「小兒童之見也」的質疑，〔註6〕說明《春秋》褒貶義例的考辨方式，確實將《春秋》學引入難以究詰的詮釋困境中。

所以正本清源，略小存大，有必要重新檢視《春秋》書例精神所在，孔子云「殷因於夏禮，所損益可知也；周因於殷禮，所損益可知也；其或繼周者，雖百世可知也」（《論語・為政篇》）、「吾猶及史之闕文也」（《論語・衛靈公篇》）皆是強調在既存史文中，了解其中的因革損益，確立百代垂範典則，用意深矣，孔子既有其自信，以為天下之法，所以本文擬以國家體制為範圍，覈以三傳內容，檢討《春秋》書例原則，期以更宏觀開闊的視野，了解孔子微言大義。

貳、尊王一統

世局紛擾，千頭萬緒，衰世之下，人心既失，如何救正「世衰道微，邪說暴行有作」，有賴聖人建極立制之思惟，《春秋》隱元年經書「元年，春，王正月」，備列歲時紀錄，針對《春秋》書例，三傳各有不同解讀：

〔註4〕黎靖德編《朱子語類》（臺北：文津出版社，1986 年 12 月）卷八十三，頁 2148。
〔註5〕同注4，卷八十三，頁 2144。
〔註6〕同注2，卷一百六十八引鄭樵、項安世之說。頁 4～5。

《公羊傳》「元年者何？君之始年也。春者何？歲之始也。王者孰謂？謂文王也。曷爲先言王而後言正月？王正月也。何言乎王正月？大一統也。」〔註7〕

《穀梁傳》「雖無事必舉正月，謹始也。」〔註8〕

《左傳》「元年春，王周正月，不書即位，攝也。」〔註9〕

三傳針對隱公攝位之事，褒貶不同，主要著眼在於《春秋》不書「公即位」，所以各有發揮，但針對「春，王正月」書例，《公羊》以王爲文王，《左傳》則直書王周，然而不論是強調文王承命立制的始祖地位，或是直接書寫周王，尊崇周室的觀點並無不同，《公羊》尤其著重其中對應關係，經書「元年」、「春」、「王」、「正月」，各有命意，何休注云：

> 政莫大於正始，故《春秋》以元之氣正天之端，以天之端正王之政，以王之政正諸侯之即位，以諸侯之即位正竟內之治。諸侯不上奉王之政則不得即位，故先言正月而後言即位，政不由王出則不得爲政，故先言王，而後言正月也，王者不承天以制號令則無法，故先言春而後言王，天不深正其元，則不能成其化，故先言元而後言春，五者同日並見，相須成體，乃天人之大本，萬物之所繫，不可不察也。

〔註10〕

從「元年」、「春」、「王」、「正月」、「公即位」，漢世公羊家甚至發揮「五始」之說，不過饒有趣味的是何休所言，其實是指《春秋》歲時書例，上從天之「元」氣，下至於人事之正，書寫順序皆有其意義，一貫之精神處處可見，天子秉之於天，諸侯承諸天子，承天制令，彼此環環相扣，於是天地萬物，井然有序，立身施政有其倫常，雖未載事，卻有大義存焉，《春秋》開宗明義，彰顯天人之間的政治對應關係，所謂「五者同日並見，相須成體，乃天人之大本，萬物之所繫」，應天順命，尊王一統之義可以具見。

《穀梁》莊十六年傳言「同者，有同也，周尊周也」，〔註11〕《左傳》

〔註7〕同注1，卷一，頁8～9。

〔註8〕范甯集解，楊士勛疏《春秋穀梁傳注疏》（十三經注疏本，臺北縣：藝文印書館，1985年12月）卷一，頁9。

〔註9〕杜預注，孔穎達疏《春秋左傳正義》（十三經注疏本，臺北縣：藝文印書館，1985年12月）卷二，頁34。

〔註10〕同注1，卷一，頁10。

〔註11〕同注8，卷五，頁53。

僖二十八年傳引孔子之語「以臣召君，不可以訓。故書曰『天王狩于河陽』」〔註12〕、成十二年傳「凡自周無出」，〔註13〕足見尊王一統之義，三傳並無不同。甚至唐人興起棄傳求經的風氣，嘗試擺脫三傳，韓愈〈寄盧仝〉「《春秋》三傳束高閣，獨抱遺經究終始」，〔註14〕但《春秋》尊王一統的主張，仍是諸家奉行的觀點，尤以宋人最爲明顯，如孫復《春秋尊王發微》、王晳《春秋皇綱論》、孫覺《春秋經解》，直接標舉尊王主張，振興宋代積弱之習，用意至爲明顯，胡安國《春秋傳》更是依循孫復之說，強調攘夷以禦外患，《春秋》成爲宋代學者鍼砭時政的依據，尊王一統成爲通經致用的詮釋方略。歐陽修更進而發展正統的概念，云：

> 正統之說，肇於誰乎？始於《春秋》之作也。當東周之遷，王室微弱，吳徐並僭，天下三王。而天子號令，不能加於諸侯。其詩下同於列國，天下之人莫知正統。仲尼以爲周平雖始衰之王，而正統在周也，乃作《春秋》。自平王以下，常以推尊周室，明正統之所在。故書王以加正月而繩諸侯。王人雖微，必加於上；諸侯雖大，不與專封。以天加王而別吳楚。刺譏褒貶，一以周法。凡其用意，無不在於尊周。〔註15〕

歐陽修認爲孔子推尊周室，乃是因爲周王爲正統所在，於是由尊王一統的訴求進而衍生爲歷史正統的討論，原本由於尊王，所以能一統，爲求一統，必須尊周的主張，化約爲政權繼承關係的認定，因此《春秋》大義成爲判斷政治屬性的訴求，與理學家道統觀點結合，更成爲史家評斷各朝各代定位的標準，〔註16〕於是原本上應於天，下順於民的書例體制，變爲政治正確的選擇，影響之下，不免衍生後世紛擾的政權正統之爭，甚至誤解孔子作《春秋》是

〔註12〕同注9，卷十六，頁276。

〔註13〕同注9，卷二十七，頁457。

〔註14〕韓愈撰，錢仲聯集釋，《韓昌黎詩繫年集釋》（上海：古籍出版社，1994年1月）卷七〈寄盧仝〉，頁782。

〔註15〕歐陽修撰，《歐陽修全集》（臺北：河洛圖書出版社，1975年3月）卷三「居士外集二」〈原正統論〉，頁11。

〔註16〕例如陶宗儀《輟耕錄》（臺北：世界書局，1963年4月）卷三〈正統辨〉載明楊維楨上〈三史正統辨表〉針對宋、遼、金三史，以「道統」傳承爲依據，認爲元朝正統是得之於南宋，而非遼、金，所以元朝「正統」開始必須從南宋亡起算。頁51。強調「正統」與「道統」關係外，似乎也以「血統」的觀念來看待朝代的承繼關係。

同情行將消逝之封建禮制，〔註17〕忽略聖人所言「其或繼周者，雖百世可知也」中建極立則的用心，於是《春秋》大義形成漢賊不兩立的評判標準。不過，無可諱言，《春秋》尊王一統精神，往往成爲學者通經致用的指標，甚至日本幕府之末，學者高倡《春秋》大義，要求還政於天皇，也終能凝聚國力，完成現代化維新，《春秋》以應世用，可以具見。

其實《春秋》正月書王，可以遠溯鐘鼎銘文書例，趙汸《春秋屬辭》云：

　　近代或有以書「王」爲夫子特筆者，案殷人鍾銘有「唯正月王春吉日」之文，可見時月稱「王」，乃三代恆辭。〔註18〕

強調時日書「王」，並非孔子所創書法，陸粲《春秋胡氏傳辨疑》更據而補充：

　　商鍾銘曰「惟正月王春吉日」，又曰「惟王夾鐘春吉月」，是三代之時皆然，亦不獨周矣！以爲立法創制，裁自聖心者，殆未考於此邪！

〔註19〕

以今傳世彝器銘文確實可以證明「三代恆辭」之說並非無據，《春秋》書「王」顯然並非孔子用以表彰周王的特別書法，而是殷商以降，歲時題稱之通例，如果細加分別，孔子只是釐清其中對應關係，藉由經書「元年」、「春」、「王」、「正月」的順序，建構應天承命的政治體制，彰顯其中「尊王一統」的原則。

事實上，《春秋》尊王一統的主張，從秦、漢以下，反映在傳統政治方面，中國雖然山川阻隔，地理懸殊，甚至不同民族，語言差異，各地風土截然不同，但如此龐大又複雜多元的地理與人文情況，雖然不利於行政管理，卻無礙於維持一統之大帝國，可以說超乎武力，超乎時間與地理形勢阻隔，這種超乎客觀因素的主觀存在，顯見國家一統的觀念已牢不可破。再者，對於君權方面，不論朝代更迭，制度改易，傳統政治中的帝王始終擁有絕對的德位優勢，對應於中國政治體制，也明顯可以察覺向君權傾斜，錢穆《中國歷代政治得失》從君權與相權對應關係中，就有宏觀的考察，〔註20〕知識份子必須經由與帝王遇合才有施展機會，成爲千載以下知識份子共同的宿命，於是「普天之下，莫非王

〔註17〕 蕭公權撰《中國政治思想史》（臺北：華岡出版有限公司，1977 年 2 月）頁17～19。

〔註18〕 趙汸撰，《春秋屬辭》（影印文淵閣《四庫全書》第 164 冊，臺北：商務印書館，1986 年 3 月）卷一，頁 465。

〔註19〕 陸粲撰，《春秋胡氏傳辨疑》（影印文淵閣《四庫全書》第 167 冊，臺北：商務印書館，1986 年 3 月），頁 756。

〔註20〕 錢穆《中國歷代政治得失》（臺北：東大圖書公司，1981 年 9 月）有關歷代相權之比較。

土；率土之濱，莫非王臣」，國家有權力的核心，大一統成為知識份子普遍的信仰，尊王成為士大夫信守的原則，所以綿長的世系，廣袤的國土，由於《春秋》尊王一統的主張，始終能維繫傳統帝國體制的完整。其次，承天制命的建構原則，同樣也深深影響國家的體制，董仲舒據以發揮天人感應的主張，作為人君規諫的依據，強調君權之上，尚有天意，「天人三策」云：

> 臣謹案《春秋》之文，求王道之端，得之於正。正次王，王次春。春者，天之所為也；正者，王之所為也。其意曰：上承天之所為，而下以正其所為，正王道之端云爾。然則王者欲有所為，宜求其端於天。……臣謹案《春秋》謂一元之意，一者萬物之所從始也，元者辭之所謂大也。謂一為元者，視大始而欲正本也。《春秋》深探其本，而反自貴者始。故為人君者，正心以正朝廷，正朝廷以正百官，正百官以正萬民，正萬民以正四方。四方正，遠近莫敢不壹於正，而亡有邪氣奸其間者。是以陰陽調而風雨時，群生和而萬民殖，五穀孰而中木茂，天地之間被潤澤而大豐美，四海之內聞盛德而皆徠臣，諸福之物，可致之祥，莫不畢至，而王道終矣。〔註21〕

董仲舒甚至從「《春秋》大一統者，天地之常經，古今之通誼也」推衍出「諸不在六藝之科孔子之術者，皆絕其道，勿使並進」的主張，從國家體制的一統，進而要求思想的統一，不免衍義稍過，但從《春秋》書例，得出人君正心，四方萬民皆正的「王道」觀念，與孔子所謂「其身正，不令而行；其身不正，雖令不從」（《論語‧子路篇》）的說法相符，在國家體制中直指君主的權力與責任，雖然結合陰陽五行，導入玄虛，但著眼於制衡君權，對於傳統國家體制的思考，仍是饒有意義。所以可以了解傳統職官的建制思惟中，既是承命治民，自然也就不單是行政事務的作為而已，更不只是從屬依附的關係，所謂「股肱元首，鼎足居職，協和陰陽，調訓五品」〔註22〕、「寅亮天地，燮理陰陽，以論道經邦者也」，〔註23〕臣子輔佐天子以治天下，顯然是協助的角色，應天承命，以道自持，傳統職官體系價值由此具現，從另一角度，君主看待整個官僚體

〔註21〕 班固撰，《漢書》（臺北：洪氏出版社，1975 年 9 月）卷五十六〈董仲舒傳〉頁 2501～2503。

〔註22〕 范曄撰，《後漢書》（北京：中華書局，1965 年 5 月）卷三十九〈劉愷傳〉頁 1308。

〔註23〕 宋濂等撰，《元史》（北京：中華書局，1976 年 4 月）卷一百十〈三公表〉頁 2769。

系，當然也必須一秉至公，所謂「王者法天而建官，故明主不敢以私授，忠臣不敢以虛受」，〔註24〕國家名器不可隨便，建官立制一秉至公，君主不能以私意授受，國家體制公正嚴明。雖然這種士大夫的自我價值覺醒，常在絕對君權的體制中扭曲隱沒，但無可諱言，君臣的對應關係，一直是歷代知識份子探究的問題，不依從權力的架構，彰顯自身道統的價值，始終存在於傳統儒家文化的深層思惟中，例如黃宗羲《明夷待訪錄》提出君臣平等對待的關係，「臣之與君，名異而實同」、「君臣之名，從天下而有之者也」，君臣體制都是為天下百姓而存在，目標相同，自然是屬於一體，當然士大夫要有所謂「為天下，非為君也；為萬民，非為一姓也」的氣魄，〔註25〕不僅呼應孟子的民本思想，也印證《春秋》應天承命的主張。不過有趣的是，《春秋》「元年，春，王正月」書例對於後世的影響，既有彰顯尊王的訴求，又有一秉大公，應天承命的大一統義涵，前者要求從君，後者強調士夫夫懷抱自我意識，立場似乎有些許的衝突，孔子《春秋》同一書例竟然發展出不同的詮釋面相，或許是聖道廣大，兼容並蓄，後人各有所取，遂有不同的主張，援取尊王之義，是封建君權下自然的結果，但《春秋》書例內涵所強調的政治體制，顯然並非為人君一己之私，為求一統所以尊君，而一統之意義，其實在於解國家社會的危亂，兩者既相輔，卻也有主從關係，君主的權力必順應天下百姓的需求，所以雖是封建君權，卻存在承天應命的政治思惟，所以知識份子也要有更深一層的體會，了解自身的價值與責任，所以政治形式上固然君權至上，但在文化思惟中，卻始終信守出處進退的分際所在，因此一方面固然高倡尊王之義，萬邦殊方，終能一統，國家制度嚴明，上下有序，但也同樣尊崇「不事王侯，高尚其事」（《周易‧蠱》之上九〈象辭〉）的堅持，知識份子自身的節操，從而具現。

參、分別內外

　　《春秋》除歲時「四時具，然後為年」，建構編年為體的書例外，最明顯的特色是《春秋》因魯史而成文，趙岐云「因魯史記設素王之法，謂天子之事也」，〔註26〕《隋書‧經籍志》甚至推究原因，云：

〔註24〕同注22，卷四十九〈王充傳〉頁1631。
〔註25〕黃宗羲撰，《明夷待訪錄》（臺北：世界書局，1962年4月）「原臣」頁4～5。
〔註26〕趙岐注，孫奭疏《孟子注疏》（十三經注疏本，臺北縣：藝文印書館，1985年12月）卷六下〈滕文公章句下〉，頁117。

《春秋》者，魯史策書之名。昔成周微弱，典章淪廢，魯以周公之故，遺制尚存。仲尼因其舊史，裁而正之，或婉而成章，以存大順，或直書其事，以示首惡。故有求名而亡，欲蓋而彰，亂臣賊子，於是大懼。〔註27〕

亂臣賊子是否會因書惡而懼，前已具論，茲不再贅，不過《隋志》以魯「遺制尚存」，事實上與《左傳》閔元年齊仲孫湫所言「魯不棄周禮」〔註28〕、昭二年韓宣子來聘，觀書大史氏，見《易象》與《魯春秋》，云「周禮盡在魯矣，吾乃今知周公之德與周之所以王也」〔註29〕的說法相符，強調孔子「因其舊史」，是具有保存典制的用意，然而孔子並未因尊王之義，刪削魯史以成周文，《春秋》書例概以魯爲中心，嚴別內外，後世《公羊》家甚至援引爲「王魯」主張，認爲《春秋》「應天作新王」，〔註30〕孔子當有微言大義，雖與前文所言尊王一統之義衝突，但《公羊》家確實發覺孔子援魯史作《春秋》與尊周主張，其實存在論述上的差距，徐彥《公羊傳疏》指出其中的衝突，云：

問曰：《公羊》以魯隱公爲受命王，黜周爲二王。……今隱公人臣而虛稱以王，周天子見在上而黜公侯，是非正名而言順也。如此何笑子路率爾？何以爲忠信？何以爲事上？何以誨人？何以爲法？何以全身？如此若爲通乎？

答曰：《孝經說》云：孔子曰《春秋》屬商；《孝經》屬參，然則其微似之語，獨傳子夏，子夏傳與公羊氏，五世乃至漢胡母生，董仲舒推演其文，然後世人乃聞此言矣。孔子卒後三百歲，何不全身之有，又《春秋》藉位於魯以託王義，隱公之爵不進稱王，周王之號不退爲公，何以爲不正，名何以爲不順言乎，又奉天命而制作，何不謙讓之有。〔註31〕

〔註27〕 魏徵等撰，《隋書》（北京：中華書局，1973年8月）卷三十二〈經籍志〉頁932。

〔註28〕 同註9，卷十一，頁188。

〔註29〕 同註9，卷四十二，頁718。

〔註30〕 董仲舒撰，于首奎、周桂鈿、鍾肇鵬校釋，《春秋繁露校釋》（濟南：山東友誼出版社，1994年12月）卷七〈三代改制質文篇〉云：「故天子命無常，惟命是德慶。故《春秋》應天作新王之事，時正黑統，王魯，尚黑，絀夏、親周、故宋。」頁345。何休解詁《春秋公羊傳注疏》卷一隱元年傳注云「春秋王魯，記隱公以爲始受命王。」頁12。

〔註31〕 同註1，卷一，頁7。

問答之間，可以發覺「尊周」與「王魯」立場矛盾，不但動搖孔子「正名」
的主張，甚至有違於名教，雖然訴諸《公羊》經說的傳承，嘗試化解其中的
衝突，但「微似之語」實在難以究詰，而且與《公羊傳》文十三年云「欲天
下之一乎周也」〔註32〕的說法明顯衝突，可見董氏之論，推衍稍過，並未
解決問題，反而更增疑惑，漢世學者誇大孔子改制的用心，不了解聖人建極
立制，重點在立不在破，對於體制的思考，自然是「隱公之爵不進稱王，周
王之號不退爲公」，一以名位爲定，正可以說明「王魯」之說有待商榷。

所以孔子據魯史作《春秋》，除保存周之典制外，所謂「奉天命而制作」，
書例嚴別內外，《春秋》非常強調對應關係，例如《公羊》成十五年傳更據以
發揮，說明內外有別，云：

《春秋》內其國而外諸夏，內諸夏而外夷狄。王者欲一乎天下，曷
爲以外內之辭言之，言自近者始也。〔註33〕

可見《春秋》雖然大倡一統之義，但也了解其中漸進的程序，由國內而及諸
夏，由諸夏而及夷狄，所謂「內」、「外」是相對原則，尊王一統既是目標，
而分別內外則是建構彼此對應關係首要步驟，提醒所謂之一統，並非泯然無
分別，毫無次第，毫無主體，所以「自近者始」不僅是方法上的必然，更符
合儒家「親親尊尊」的等差原則，《公羊傳》便屢屢舉內外以立論，撮舉爲例，
如「王者無外，言奔則有外之辭也」〔註34〕、「在內雖當國不地也，不當國雖
在外亦不地也」〔註35〕、「內大惡諱也」〔註36〕、「內不言戰」〔註37〕、「內諱
奔謂之孫」〔註38〕、「君子辟內難而不辟外難」〔註39〕、「內諱殺大夫」〔註40〕、
「內無貶于公之道也」〔註41〕、「內不言火」〔註42〕、「外取邑不書」〔註43〕、

〔註32〕同注1，卷十四，頁177。
〔註33〕同注1，卷十八，頁231。
〔註34〕同注1，卷一，頁16。
〔註35〕同注1，卷一，頁13。
〔註36〕同注1，卷二，頁25。
〔註37〕同注1，卷五，頁62。
〔註38〕同注1，卷六，頁72。
〔註39〕同注1，卷八，頁104。
〔註40〕同注1，卷十二，頁152。
〔註41〕同注1，卷十五，頁187。
〔註42〕同注1，卷十九，頁245。
〔註43〕同注1，卷三，頁29。

「外相如不書」〔註44〕、「築于外非禮也」〔註45〕、「外災不書」〔註46〕、「外異不書」〔註47〕、「外大夫不卒」〔註48〕、「外大夫不書葬」〔註49〕、「外逆女不書」〔註50〕、「外夫人不卒」〔註51〕、「外夫人不書葬」〔註52〕、「不與外討也」〔註53〕、「外平不書」〔註54〕、「吳楚之君不書葬，辟其號也」〔註55〕等，可以了解《公羊》特別著意於內外之間，載事是詳內略外，立場則是親內疏外，既依事情輕重大小，又衡量是非對錯，一切必須置於內外有別的架構來思考，嚴別彼此分際，在書與不書之間，提醒諸多問題必須從對應關係來考量，力求得宜，甚至發揮諸多隱諱書法，可以說從人倫上的親親疏疏，擴大到國際之間的彼我之分，從上到下，從此到彼，既形塑主體本身的價值，也建構出複雜的對應關係。對此，《穀梁》也有諸多類似書例的發揮，如「內不言戰，言戰則敗也」〔註56〕、「內諱敗舉」〔註57〕、「其言及者，由內及之也；其曰戰者，由外言之也」〔註58〕、「內不言獲」〔註59〕、「外大夫不卒」〔註60〕、「外相如不書」〔註61〕、「外夫人不書葬」〔註62〕、「外災不志」〔註63〕、「外平不道」〔註64〕、「夷狄不卒」〔註65〕、「不正其信夷狄而伐中國也」〔註66〕、

〔註44〕同注1，卷四，頁52。
〔註45〕同注1，卷六，頁74。
〔註46〕同注1，卷八，頁98。
〔註47〕同注1，卷十一，頁137。
〔註48〕同注1，卷二十五，頁320。
〔註49〕同注1，卷二十五，頁320。
〔註50〕同注1，卷二，頁25。
〔註51〕同注1，卷六，頁75。
〔註52〕同注1，卷九，頁109。
〔註53〕同注1，卷十六，頁202。
〔註54〕同注1，卷十六，頁206。
〔註55〕同注1，卷十六，頁210。
〔註56〕同注8，卷四，頁37。
〔註57〕同注8，卷四，頁38。
〔註58〕同注8，卷四，頁39。
〔註59〕同注8，卷七，頁70。
〔註60〕同注8，卷一，頁15。
〔註61〕同注8，卷三，頁33。
〔註62〕同注8，卷五，頁47。
〔註63〕同注8，卷十，頁100。
〔註64〕同注8，卷十二，頁121。
〔註65〕同注8，卷十二，頁123。
〔註66〕同注8，卷九，頁92。

「不使夷狄之民加乎中國之君也」〔註67〕、「不以中國從夷狄也」〔註68〕、「中國不言敗」〔註69〕等，可見《穀梁》著重於名義，強調上下之別，以申明內外之義，諸多書例甚至與《公羊》相同，同樣留意到《春秋》書寫分際之謹慎。至於《左傳》載事為主，並不特別針對書例發揮，但莊十八年「公追戎于濟西，不言其來，諱之也」〔註70〕、僖元年「公出復入，不書，諱之也。諱國惡，禮也」，〔註71〕似乎對於內外之間，也有同樣的論述，說明《春秋》書例在載事之外，嚴別彼此分際立場，當無疑義。《公羊》甚至推究出《春秋》「錄內而略外，於外大惡書，小惡不書；於內大惡諱，小惡書」〔註72〕的書錄原則，何休注云：

> 於內大惡諱，於外大惡書者，明王者起，當先自正，內無大惡，然後乃可治諸夏大惡，因見臣子之義，當先為君父諱大惡也。內小惡書，外小惡不書者，內有小惡適可治，諸夏大惡未可治，諸夏小惡明當先自正，然後正人，小惡不諱者，罪薄恥輕。〔註73〕

大惡、小惡固然是主觀認定，但從《春秋》詳略之間的書例，可以了解內外之別，並不僅止於詳略的文獻取捨而已，而是為求「先自正」，所以小惡不能輕忽，自身端正才能言人之惡，嚴以律己寬以待人，書錄原則自然有別，何休說法符合《公羊》成十五年傳「言自近者始」的觀點，說明雖然主張一統，仍然必須由內及外，循序漸進。至於「於內大惡諱」，則是基於「臣子之義」對於宗國愛護珍惜的情誼，書錄戰敗、記錄災異，乃至於對魯君的規戒，下筆極為慎重，說明《春秋》之義，並非僅是強調秉筆直書，書錄其事而已，其中分際的掌握，反映國家體制的制約以及對應關係的反省，思考既深，所以才有「為人君父而不通於《春秋》之義者，必蒙首惡之名；為人臣子而不通於《春秋》之義者，必陷篡弒之誅，死罪之名，其實皆以為善為之，不知其義」（《史記‧太史公自序》）的說法，可見立意良善尚不足以處世，掌握法理的分際之餘，也要了解彼此之間共同的情感，所謂法理不外人情，對應於

〔註67〕同注8，卷十五，頁150。
〔註68〕同注8，卷十五，頁151。
〔註69〕同注8，卷十八，頁179。
〔註70〕同注9，卷九，頁159。
〔註71〕同注9，卷十二，頁198。
〔註72〕同注1，卷三，頁41。
〔註73〕同注1，卷三，頁41。

彼此關係的拿捏，更是必須掌握的精神，尤其《春秋》書例分別內外，建構主體對應關係時，其實內外不僅止於魯國與諸夏的關係而已，甚至擴大及於民族文化的認同情感，所謂《春秋》華夷之辨，強調「不以中國從夷狄也」，印證《左傳》僖二十五年載蒼葛言「德以柔中國，刑以威四夷」，〔註74〕更可以了解《春秋》分別內外的精神，其實是承繼周代宗法制度逐漸形成的生命共同情感，所以處置不同，乃是情感之不同，落實於體制，當然也強調書例的矜慎，對於政治而言，也展現於對文化傳統的堅持，所以雖然歷史綿長，幾經外族的入侵，不同文化的影響，全體百姓卻始終具有強烈的自我文化主體意識，個人從愛家、愛宗族，由內及外，擴大至國家與文化的珍視，中國傳統文化雖然各地風土不同，但卻具有深厚的向心力，如果《春秋》尊王一統的主張，建構了傳統中國的幅員廣闊，而分別內外，強調自我的凝聚精神則是維繫文化的傳承，提供中國體制穩固的力量，兩者同樣具有綱領的意義。

肆、申明典制

　　《春秋》書例以編年為體，備四時以成年，並且以魯史為主體外，檢視《春秋》經文所載，文字簡約，似乎僅是以備記錄而已，並非為載明事理脈絡而發，對此書例特徵，誤解者，不免視為「斷爛朝報」；〔註75〕發揚者，則又大彰《春秋》「簡嚴而閎大」之旨，〔註76〕抑揚過實，顯見對於《春秋》書例了解不深，其實《春秋》書錄固然是以載事為主，但內容偏重於禮制，以性質而言，存乎

〔註74〕同注9，卷十六，頁263。
〔註75〕元脫脫等撰，《宋史》（北京：中華書局，1985年6月）卷三二七〈王安石傳〉云：「（安石）黜《春秋》之書，不使列於學官，至戲目為斷爛朝報。」頁10550。朱彝尊撰《經義考》卷一百八十二「孫覺《春秋經解》」引周麟之跋曰：「初王荊公欲釋《春秋》以行於天下，而莘老之書已出。一見而有恧心，自知不復能出其右，遂詆聖經而廢之，曰『此斷爛朝報也。』不列於學官，不用於貢舉，積諸有年。」頁3。但《經義考》卷一百八十一「王安石《左氏傳》」引林希逸曰：「尹和靖言介甫未嘗廢《春秋》，廢《春秋》以為斷爛朝報，皆後來無忌憚者託介甫之言也。」頁9。此事真偽，難以考究，但批評《春秋》載事不明，顯然是對《春秋》書例並非純為載事而發的誤解。
〔註76〕同注2，卷一百六十八引陸深曰：「《春秋》比諸經尤難讀，簡嚴而閎大。惟其簡嚴，故立論易刻；惟其閎大，故諸說皆通，聖人筆削之旨隱矣，事按《左氏》之的；義取《公》、《穀》之精，此兩言乃讀《春秋》之要法。」頁8。綜整三傳，本就是了解《春秋》津梁，而簡嚴易刻，與閎大皆通實有矛盾，顯見對於《春秋》書例了解不清，所以對於經文簡約不免有誇大之處。

一國之體，可以了解《春秋》並非純為史籍而已，未達此旨，不免牽扯糾纏於書日書月、正例變例之中，最終矛盾衝突，難以理解。事實上，《春秋》明乎禮，前人言之已多，〔註77〕毛奇齡甚至歸納《春秋》經文，分為二十二門類，《春秋》經文有清楚的體系與架構，為求明晰，錄之以備考論：

改元　　（十二公元年）

即位　　（十二公即位）

生子　　（桓六年子同生）

立君　　（隱四年衛人立晉）

朝聘　　（朝、來朝、聘、來聘、歸脤、錫命）

盟會　　（會、盟、來盟、蒞盟、不盟、逃盟、遇、胥命、平、成）

侵伐　　（侵、伐、克、入、圍、襲、取、戍、救、帥師、乞師、取師、棄師、戰、次、追、降、敗、敗績、潰、獲、師還、歸俘、獻捷）

遷滅　　（遷、滅、殲、墮、亡）

昏覿　　（納幣、逆女、逆婦、求婦、歸、送、致女、來媵、婦至、覿）

享唁　　（享、唁）

喪葬　　（崩、薨、卒、葬、會葬、歸喪、奔喪、賵、賻、含、襚、求金、錫命）

祭祀　　（烝、嘗、禘、郊、社、望、雩、作主、有事、大事、朝廟、告朔、視朔、釋、從祀、獻、萬）

蒐狩　　（蒐、狩、觀、焚、觀社、大閱）

興作　　（立宮、築臺、作門觀、丹楹、刻桷、屋壞、毀臺、新廄、築城、城郛、浚渠、築圃）

甲兵　　（治甲兵、作丘甲、作三軍、舍中軍）

田賦　　（稅畝、用田賦、求車、假田、取田、歸田）

豐凶　　（有年、饑、告糴、無麥苗、無麥禾）

災祥　　（日食、螟、蜚蝝、雨雪、雷電、震、雹、星隕、大水、無冰、災、火、蜮、蜚、多麋、眚、不雨、沙鹿崩、山崩、旱、地震、星孛、六鷁退飛、隕霜殺菽、隕霜不殺草、鸛鵒來巢、獲麟）

〔註77〕如宋張大亨撰《春秋五禮例宗》七卷、以吉凶軍賓嘉五禮，依類別記，以求義例。元吳澄撰《春秋纂言》也是分列五禮，兩者雖然多有出入，但已留意《春秋》與禮相表裡的性質。

　　出國　　（如、孫、出奔、出、大去）
　　入國　　（至、入、納、歸、來歸、復歸、來、來奔、逃歸）
　　盜殺　　（盜殺、盜、弒、殺）
　　刑戮　　（殺、刺、戕、放、執、歸、用、釋、畀、肆眚）〔註78〕

　　雖然引列內容稍嫌繁雜，但對於歷來《春秋》性質的爭議，卻是饒富啟
發意義，毛奇齡以《春秋》經文爲範圍，省略主語，擺脫譏刺觀點，不在於
一字一句上推測理會，純粹以性質相近歸類，於是門部既分，架構大體可見，
而《春秋》備存一國之典制，自然也就更加清楚明白。雖然毛奇齡推測《春
秋》所載方式，可能是先秦各國記事法則，屬於簡、策分書的形式，所以《春
秋》名目，必須與《左傳》相互參看，才能清楚事情始末，〔註79〕嘗試用另
一種形式來解讀《春秋》經文簡約的問題，其實仍未脫以傳明經的路徑，只
是簡、策分書制度缺乏佐證，先秦書例，也無法進一步覈實，不免讓人質疑
毛奇齡的說法有太多個人的臆測，〔註80〕但無可諱言，毛奇齡推究《春秋》
體例，提醒一條重新理解《春秋》的方向，云：

　　　今試觀《春秋》二十二門有一非典禮所固有者乎？毋論改元、即位、
　　　朝聘、盟會，以至征伐、喪祭、蒐狩、興作、豐凶、災祥，無非吉、
　　　凶、軍、賓、嘉五禮成數。即公行、告至、討賊、征亂，及司寇、
　　　刑辟、刺放、赦宥，有何一非周禮中事，而《春秋》一千八百餘條，
　　　櫛比皆是，是非禮乎？〔註81〕

所以歸納出來《春秋》二十二門部，不論是承之魯史，或是經由孔子刪削而
成，《春秋》書錄內容的偏向，確實更加印證《左傳》中韓宣子所言「周禮盡
在魯矣」（說詳見前）的說法，典禮具備，體制嚴然，一國興作外交，燦然可
考，所以《春秋》建構承天應制、尊王一統的原則，維持內外分際之餘，更
落實於一國典制的維持，秩序井然，是非既依此而斷，合禮爲褒，違禮爲貶，
道理清楚明白，所以追本溯源，毛奇齡的推論確實有助於澄清歷來褒貶義例

〔註78〕毛奇齡撰，《春秋毛氏傳》（李塨等編，《毛西河先生全集》嘉慶元年刊本）卷
　　　　一，頁5～6。二十二門部即是毛奇齡撰《春秋屬辭比事記》二十二志，但今
　　　　僅存四卷，內容不全，但門部名目已載於《春秋毛氏傳》中，仍可備參考。
〔註79〕同註78，卷一，頁7。
〔註80〕參見拙著《毛西河及其春秋學之研究》（臺北：政大中文碩士論文：1991年6
　　　　月）「簡、策分書之商榷」一節，頁168～173。
〔註81〕同註78，卷一，頁12。

的紛擾，直接上究《春秋》本經，了解聖人建極立制的用心。

事實上檢索《周禮》內容，也可以概見周公救亂制禮之跡，按：《周禮·春官·小宗伯》「掌五禮之禁令與其用等」鄭注引鄭司農云：「五禮，吉、凶、軍、賓、嘉」，〔註82〕《隋書·禮儀志》云：「周公救亂，弘制斯文，以吉禮敬鬼神，以凶禮哀邦國，以賓禮親賓客，以軍禮誅不虔，以嘉禮合姻好，謂之五禮。」〔註83〕周公以五禮垂制，以《春秋》經文二十二門部區分，大抵「祭祀」屬於吉禮，「喪葬」屬於凶禮，「侵伐」、「遷滅」、「蒐狩」、「甲兵」屬於軍禮，「朝聘」、「盟會」、「享唁」屬於賓禮，「昏覯」屬於嘉禮，雖然細目稍見瑣碎，但五禮具備，只是其他門部卻有不易歸類的困擾，「改元」、「即位」、「生子」、「立君」關乎一國之君傳位繼立大事，顯然並非禮敬鬼神而已，「興作」屬於建設，「田賦」屬於財稅，「豐凶」、「災祥」關乎一國之運勢與百姓生活，同樣不在五禮之內，至於「出國」、「入國」備存人物在位紀錄，「盜殺」、「刑戮」屬於刑法罪責問題，《春秋》二十二門部顯然已超乎五禮範圍，於是既備記錄，又明典制，一國體制於是乎在，只是門部內容與《周禮》不盡相符，《四庫全書總目》認為「初制」與「數百年變革之餘」，難免不相合，〔註84〕但與其分別為「初制」與「變革之餘」，還不如釐清其中性質，《周禮》以五禮總括典禮之數，《春秋》卻是備載一國體制，有人君「即位」，也有「出國」、「入國」的喪權失位問題，有「田賦」財稅，也有「興作」建設，有「甲兵」、「蒐狩」的訓練，也有「侵伐」、「遷滅」軍事活動，邦國外交有「朝聘」、「盟會」、「享唁」，結為姻好有「昏覯」，祭祀天地鬼神有「喪葬」、「祭祀」，記錄天變民生有「災祥」、「豐凶」，言其罪責，申明法度有「刑戮」、「盜弒」，對應於國家事務的複雜，《春秋》書例承天應命，體制周備，國家秩序井然，可以說《周禮》是著意於典禮，而《春秋》更落實於一國體制的建構與安排，性質不同，內容自然不合，可以配合參證，卻不一定要膠柱鼓瑟勉強湊合，所以本文以毛奇齡《春秋》二十二門部為基礎，略依國家政治體制層次，進一步探究如下：

〔註82〕鄭玄注，賈公彥疏《周禮注疏》（十三經注疏本，臺北縣：藝文印書館，1985年12月）卷十九，頁290。

〔註83〕同注27，卷六〈禮儀志〉，頁105。

〔註84〕紀昀編修，《四庫全書總目》（臺北：臺灣商務印書館，1985年5月）「經部」卷二十九「《春秋屬辭比事記》四卷」提要，頁583。

一、權與位

　　《春秋》二十二門部中，「改元」、「即位」、「生子」、「立君」、「出國」、「入國」等皆是關乎一國政治人物，標示出權與位問題，雖然國君即位與大夫出奔，有階級的不同，但對於政治人物而言，所確立的關係，並無二致，「出國」、「入國」不僅說明政治人物的權位是變動不確定，從「改元」、「即位」更申明權力與責任的關係，藉由《春秋》書例，「即位」代表權力的合法，「改元」標示責任的開始，於是一國之政於是乎始，有趣的是前者書例集中於魯國本身，後者則是各國得位喪位的記錄，符合《春秋》分別內外的原則（說詳見前），但無可諱言，《春秋》書例似乎特別注意一國體制政治人物的權位問題，《左傳》閔元年「不書即位，亂故也」，〔註85〕僖元年「不稱即位，公出故也。公出復入，不書，諱之也，諱國惡，禮也」，〔註86〕「即位」似乎是代表新君繼位的情形，但《公羊傳》桓元年「繼弑君不言即位」〔註87〕、《穀梁傳》桓元年「先君不以其道終，則子弟不忍即位也，繼故而言即位，則是與聞乎弑也」，〔註88〕「即位」書例則是代表政權移轉的宣示，必須具有合法性與正當性，《穀梁傳》定元年申明其中道理，云：

> 即位，授受之道也。先君無正終則後君無正始也，先君有正終則後君有正始也。……即位，君之大事也。其不日何也？以年決者不以日決也。此則其日何也？著之也，何著焉？踰年即位，屬也。於屬之中又有義焉，未殯，雖有天子之命猶不敢，況臨諸臣乎！周人有喪，魯人有喪，周人弔，魯人不弔，周人曰：固吾臣也，使人可也。魯人曰：吾君也，親之者也，使大夫則不可也。故周人弔，魯人不弔，以其下成康為未久也，君，至尊也，去父之殯而往弔猶不敢，況未殯而臨諸臣乎！〔註89〕

「即位」代表先君後君的接續問題，政權的繼承，除回應周王室外，更重要是本國君臣關係的再確定，確立權力的合法性，必須在情理之中，如此施政臨下，才有法統理據，「即位」之慎重，可以得見，相反《春秋》書「立君」，就有值得推敲之處，隱四年經「衛人立晉」，《公羊傳》「眾雖欲立之，其立之

〔註85〕同注9，卷十一，頁187。

〔註86〕同注9，卷十二，頁198。

〔註87〕同注1，卷四，頁46。

〔註88〕同注8，卷三，頁28。

〔註89〕同注8，卷十九，頁186～187。

非也」，〔註90〕《穀梁傳》「得眾則是賢也，賢則其曰不宜立何也？《春秋》之義『諸侯與正而不與賢也』」，〔註91〕可見得眾尚非權力的合理保證，所謂之「正」，符應孔子「正名」主張，說明「權」得之於「位」，而「位」求其正，否則政令不彰，乾綱不振，這些都代表《春秋》對於得位與否的關注，所以《春秋》桓六年書「子同生」，《公羊傳》申明「喜有正也」，〔註92〕也正代表《春秋》書例中對於權與位關係的留意與慎重。

不過《春秋》同樣也備書失位喪權以為之戒，《春秋》昭三十年以後「王正月」後書「公在乾侯」，記錄不得入於魯的難堪，至於其他各國不能保其社稷者，更是不可勝數，《春秋》同樣書錄記錄，所謂「諸侯奔走不得保其社稷者，不可勝數」，〔註93〕出奔喪位，失權遭弒，固然是紛亂世局的無奈，但也代表《春秋》書錄的用意所在，直指一國之政，關乎權位，不可不慎，只是前人既已多所發揮，茲不贅言細論。

二、盟會與爭伐

《春秋》二十二門部之中，各國間的「朝聘」、「盟會」同樣也是《春秋》書例之大宗，如果加上「昏覯」「享唁」，更顯分量。《禮記‧曲禮下》「天子當依而立，諸侯北面而見天子曰覲；天子當宁而立，諸公東面，諸侯西面曰朝。諸侯未及期相見曰遇；相見於郤地曰會；諸侯使大夫問於諸侯曰聘；約信曰誓；蒞牲曰盟」，〔註94〕周禮以朝聘盟會維繫周室宗法，所以衛州吁弒君，石碏以建議覲王來設局，〔註95〕《左傳》僖四年甚至有「凡諸侯薨于朝會加一等，死王事加二等」的說法，〔註96〕足證朝聘盟會的重要，《左傳》昭十三年更載叔向陳述其中道理，云：

> 國家之敗，有事而無業，事則不經；有業而無禮，經則不序；有禮而無威，序則不共；有威而不昭，共則不明；不明棄共，百事不終，所

〔註90〕同注1，卷二，頁30～31。

〔註91〕同注8，卷二，頁20。

〔註92〕同注8，卷四，頁54。

〔註93〕同注3，卷一百三十〈太史公自序〉頁1370。

〔註94〕鄭玄注，孔穎達疏《禮記正義》（十三經注疏本，臺北縣：藝文印書館，1985年12月）卷五，頁90～92。

〔註95〕同注9，卷三，頁57。

〔註96〕同注9，卷十二，頁203。

由傾覆也。是故明王之制，使諸侯歲聘以志業，間朝以講禮，再朝而
會以示威，再會而盟以顯昭明，志業於好，講禮於等，示威於眾，昭
明以神，自古以來，未之或失也，存亡之道，恆由是興。〔註97〕

可見各國對於天子的朝覲，以及彼此間盟會的看法，認為既是宗國的責任，
也是合禮的表現，不僅藉此鞏固諸夏情誼，建立共同文化意識，也形構周文
典制的精神，一國事業從而可見，叔向指出盟會精神所在，也說明對於一國
存亡的重要性，而周王既衰，隨著霸主勢力興起，也同樣援取盟會朝聘的形
式，聯合各國，建立霸權，於是盟會牽動各國勢力，在依附離叛之間，關乎
國家的存亡，甚至華夏勢力的消長，所以齊桓尊王攘夷，卻自誇「諸侯莫違
寡人，寡人兵車之會三，乘車之會六、九合諸侯，一匡天下」，〔註98〕言外之
意，不難了解，之後晉楚爭霸，中原各小國更為盟會而疲於奔命，子產所言
「以敝邑褊小，介於大國，誅求無時，是以不敢寧居，悉索敝賦，以來會時
事」，〔註99〕自然是實情的反映，其中的嚴峻奔赴，說明春秋之世盟會的意義
已有內涵質性的轉變，《春秋》書例反映各國朝聘盟會的情形，也充分表現原
本宗法之禮逐漸變成外交合縱連橫的過程，所以盟會一方面固然是宗法禮制
的落實，但更實際的是國家生存的保證，董仲舒《春秋繁露》云：

弒君三十六，亡國五十二，小國德薄，不朝聘大國，不與諸侯會聚，

孤特不相守，獨居不同群，遭難莫之救，所以亡也。〔註100〕

朝聘之重要，可以得知。所以《春秋》書錄以備周禮典制，同樣也反映各國
勢力消長情形，更說明關乎一國典制的重要性，事實上，配合《公羊傳》所
載孔子不改「伯于陽」的一段軼事，言「《春秋》之信史也，其序則齊桓、晉
文，其會則主會者為之也，其詞則丘有罪焉耳」，〔註101〕文字與《孟子‧離婁
下》所錄大同小異，或許是傳聞異辭，但特別舉出盟會為例，配合《左傳》
桓十年所載郎之役，魯以周班後鄭，鄭請師於齊，但《春秋》仍然先書「齊
侯、衛侯、鄭伯來戰于郎」，〔註102〕明魯不以權勢分判，不以功勞區別，留意
主從關係，一以王爵為序，正是尊循典制的表現，可見《春秋》書錄不僅是

〔註97〕同注9，卷四十六，頁810。
〔註98〕同注3，卷三十二〈齊太公世家〉頁555。
〔註99〕同注9，卷四十，頁686。
〔註100〕同注30，卷五〈滅國〉上，頁213。
〔註101〕同注1，卷二十二，頁282。
〔註102〕同注9，卷七，頁121。

作為信史而已，更重要的是具現一國體制，與國際形勢的對應關係，在彼我之間，尋求合禮的分際，所以《公羊傳》哀十三年「吳主會，則曷爲先言晉侯，不與夷狄之主中國也」，〔註103〕《穀梁傳》昭十三年「同者，有同也，同外楚也，公不與盟者，可以與而不與，譏在公也」，〔註104〕可見《春秋》書錄其實是符合「內諸夏而外夷狄」的立場，以及對於「主會者」認定的矜愼。

國家除結盟之外，另一方面則是武力的展現，《春秋》二十二門部中「侵伐」、「遷滅」備載各國武力衝突記錄，細加分究，由於「侵伐」所以「遷滅」，兩者其實是程度不同而已，至於「蒐狩」、「甲兵」則是一國訓練武備的記錄，不及於戰，但同屬軍事活動，《左傳》臧僖伯所言「春蒐、夏苗、秋獮、冬狩，皆於農隙以講事也，三年而治兵，入而振旅，歸而飲至以數軍實，昭文章，明貴賤，辨等列，順少長，習威儀也」，〔註105〕雖然孟子言「《春秋》無義戰」（《孟子・盡心下》），但以「侵伐」一門二十四部，分別不同形態的軍事衝突，指出其中意義的差別，足見《春秋》書錄詳細以及對於軍事的愼重，適足以印證《左傳》成十三年劉康公所言「國之大事，在祀與戎」〔註106〕的說法，軍事武力既是國家組成的必要條件，當然任何軍事活動必須細加分別，檢視三傳內容，也對此多所留意，《公羊傳》莊十年云：

> 曷爲或言侵，或言伐，觕者曰侵，精者曰伐，戰不言伐，圍不言戰，
> 入不言圍，滅不言入，書其重者也。〔註107〕

《穀梁傳》僖二十二年云：

> 《春秋》三十有四戰，未有以尊敗乎卑，以師敗乎人者也。以尊敗
> 乎卑，以師敗乎人則驕其敵。〔註108〕

《左傳》莊二十九年云：

> 凡師有鍾鼓曰伐，無曰侵，輕曰襲。〔註109〕

用「觕」與「精」來說明軍事活動的程度，或許較難掌握，《左傳》以軍隊形態區分，有助於釐清，可以了解依其程度不同，從責之不服，推兵入境曰「侵」，

〔註103〕同注1，卷二十八，頁353。
〔註104〕同注8，卷十七，頁171。
〔註105〕同注9，卷三，頁59～60。
〔註106〕同注9，卷二十七，頁460。
〔註107〕同注1，卷七，頁88。
〔註108〕同注8，卷九，頁89。
〔註109〕同注9，卷十，頁178。

擊之益深曰「伐」，合兵血刃曰「戰」，以兵守之曰「圍」，得之不居曰「入」，取其國則曰「滅」，另外包括征戰結果的陳述等，說明軍事形態多元，自然有不同的說法，檢視《公》、《穀》屢屢提及「戰不言伐」，〔註110〕更可證明《春秋》斟酌分際，舉重以概其餘，書錄之慎重，已是《公》、《穀》據以申論的基礎，對於強調文字精簡原則而言，《春秋》書例不難理解，但如果進一步牽涉稱謂問題，稱「人」、稱「師」，區分「尊」、「卑」的不同，情況就更形複雜，只是既屬於褒貶問題，並非本文重點，為免線索零亂，不再深究，不過有關《春秋》征伐書例，還是有一些值得進一步討論的地方，例如《公》、《穀》強調的「內不言戰」，〔註111〕是因為「言戰乃敗矣」，主要是針對魯國本身書例問題，《穀梁傳》成十二年「中國與夷狄不言戰，皆曰敗之」，〔註112〕則是針對諸夏與夷狄的問題，同樣留意到《春秋》分別內外之間，展現分際拿捏的矜慎，配合前文所述，當有更清楚的了解。《春秋》書錄征戰與盟會，一方面具體呈現二百四十五年間戰和不定紛擾的國際局勢，文字的斟酌，其實也提醒在國家體制下對應於國際形勢應有的策略與方式，應更加謹慎。

三、喪葬與祭祀

《春秋》二十二門部中「喪葬」與「祭祀」一屬吉禮，一屬凶禮，性質或有不同，但慎終而追遠，世家享其祭祀，可以說是宗法思想中的共同意識，以《左傳》僖十年所載「晉之妖夢」，狐突勸申生「神不歆非類，民不祀非族，君祀無乃殄乎」，〔註113〕以祭祀無主，竟可以感通陰陽，說服申生，《左傳》襄四年「楚人將伐陳，聞喪乃止」〔註114〕、襄十九年「晉士匄侵齊，及穀，聞喪而還，禮也」，〔註115〕可見喪葬與祭祀是時代共同的價值取向，所以即便是強權，也必須依禮而行。檢視三傳，有關乎書例者，《公羊傳》隱三年云：

〔註110〕例如《公羊傳》桓十二年、莊二十八年、僖十八年，見何休解詁，徐彥疏《春秋公羊傳注疏》卷五，頁64、卷九，頁108、卷十一，頁140。《穀梁傳》僖十八年，見范甯集解，楊士勛疏《春秋穀梁傳注疏》卷八，頁86。
〔註111〕例如《公羊傳》桓十年、桓十二年、桓十三年，見何休解詁，徐彥疏《春秋公羊傳注疏》卷五，頁62、64。《穀梁傳》隱十年、桓十年，見范甯集解，楊士勛疏《春秋穀梁傳注疏》卷二，頁25、卷四，頁37。
〔註112〕同註8，卷十四，頁139。
〔註113〕同註9，卷十三，頁221。
〔註114〕同註9，卷二十九，頁503。
〔註115〕同註9，卷三十四，頁586。

天子記崩不記葬，必其時也。諸侯記卒記葬，有天子存，不得必其
時也。曷爲或言崩，或言薨。天子曰崩，諸侯曰薨，大夫曰卒，士
曰不祿。〔註116〕

《穀梁傳》隱三年云：

高曰崩，厚曰崩，尊曰崩。天子之崩，以尊也。其崩之何也？以其
在民上，故崩之。其不名何也？大上，故不名也。〔註117〕

說明「喪葬」對應於身分地位上，題稱便有不同，書例也有差異，由此建構
宗法禮制，其中意義不難理解，甚至在體制上，新君也必須恪守分際，《左傳》
僖九年「凡在喪，王曰『小童』，公侯曰『子』」，〔註118〕《公羊傳》文九年更
深加闡釋，云：

當喪，未君也。……以諸侯之踰年即位亦知天子之踰年即位也。以天
子三年然後稱王，亦知諸侯於其封內三年稱子也。踰年稱公矣，則曷
爲於其封內三年稱子，緣民臣之心，不可一日無君，緣終始之義，一
年不二君，不可曠年無君，緣孝子之心，則三年不忍當也。〔註119〕

依《左傳》「不書王命，未葬也」的說法，〔註120〕《公羊傳》確實指出《春秋》
書例的問題，周代宗法行「三年之喪」，取捨之間，其實存在個人在家與國之
間感情的矛盾，所以體制在「民臣之心」與「孝子之心」中，以書例取其平
衡，當然時王行三年之喪是推測的結果，天子與諸侯是否可以用類推方式了
解，尚待覈實，但《春秋》書例關乎體制，則是清楚明白。

至於「祭祀」方面，《春秋》書錄有「烝」、「嘗」、「禘」、「郊」、「社」、
「望」、「雩」、「作主」、「有事」、「大事」、「朝廟」、「告朔」、「視朔」、「釋」、
「從祀」、「獻」、「萬」等，舉凡天地山川，宗廟社稷、歲時之祀，內容既多，
難以一一討論，檢視三傳有關書例者，《公羊傳》僖三十一年云：

天子祭天，諸侯祭土。天子有方望之事，無所不通。諸侯，山川有
不在其封內者則不祭也。〔註121〕

「天子祭天」、「諸侯祭土」說明祭祀與職守對應的問題，所祭必須符合身分。

〔註116〕同注1，卷二，頁27。
〔註117〕同注8，卷一，頁15。
〔註118〕同注9，卷十三，頁218。
〔註119〕同注1，卷十三，頁170。
〔註120〕同注9，卷十九上，頁321。
〔註121〕同注1，卷十二，頁157。

《春秋》桓八年「春，正月，已卯，烝」，《公羊傳》云「春曰祠，夏曰礿，秋曰嘗，冬曰烝，常事不書，此何以書？譏，何譏爾？譏亟也，亟則黷，黷則不敬。」〔註122〕《穀梁傳》云：「烝，冬事也，春興之，志不時也。」〔註123〕則是強調祭祀以時，過猶不及，同屬於不敬，所以《春秋》書錄以爲戒。另外，《春秋》文二年「八月，丁卯，大事于大廟，躋僖公」，三傳多有討論：

> 《公羊傳》「大事者何？大祫也。……躋者何？升也。何言乎升僖
> 公，譏，何譏爾？逆祀也，其逆祀奈何？先禰而後祖也。」〔註124〕

> 《穀梁傳》「大事者何？大是事也。著祫嘗，祫祭者，毀廟之主陳
> 于大祖，未毀廟之主皆升合祭于大祖。躋，升也。先親而後祖也，
> 逆祀也，逆祀則是無昭穆也。無昭穆則是無祖也。無祖則無天也。
> 故曰『文無天』，無天者是無天而行也。君子不以親親害尊尊，此
> 《春秋》之義也。」〔註125〕

> 《左傳》「秋，八月，丁卯，大事于大廟，躋僖公，逆祀也。於是夏
> 父弗忌爲宗伯，尊僖公，且明見曰：『吾見新鬼大，故鬼小，先大後
> 小，順也。躋聖賢，明也。明順，禮也。』君子以爲失禮，禮無不
> 順，祀，國之大事也，而逆之，可謂禮乎？」〔註126〕

閔公與僖公雖爲兄弟，但依繼立順序，則閔公固當在上，如今升僖公於閔公之上，違逆體制，三傳同樣認爲失禮，在親情與宗法制度之間，「不以親親害尊尊」，強調國之典制，不宜徇私，在個人與家國之間，有必須遵守的分際。可見《春秋》書錄祭祀，固然關乎鬼神，但強調職分、時節，申明體制精神，一切依禮而行，則《春秋》從敬天事神而講人事禮制，人文精神，可以據見。

四、興作與田賦

　　《春秋》二十二門部中「興作」屬於工程，「田賦」屬於財賦，以現今概念而言，兩者更切近於一國政事內容，《春秋》書錄「興作」方面：包括「立宮」、「築臺」、「作門觀」、「丹楹」、「刻桷」、「屋壞」、「毀臺」、「新廏」、「築

〔註122〕同注1，卷五，頁59～60。。
〔註123〕同注8，卷四，頁36。
〔註124〕同注1，卷十三，頁165。
〔註125〕同注8，卷十，頁99～100。
〔註126〕同注9，卷十八，頁302～303。

城」、「城郭」、「浚渠」、「築囿」等，既見宮觀臺閣、城池苑囿工程建設，同樣也備載失修紀錄，事實上，一國興作既多，《春秋》卻特加書錄，自當有其用意，檢視三傳內容，普偏認為《春秋》其實是書以為之鑒，例如《春秋》隱七年「夏，城中丘」，《公羊傳》「以重書也」，〔註127〕《穀梁傳》「凡城之志皆譏也」，〔註128〕《左傳》「書不時也」，〔註129〕《春秋》莊二十九年「新延廄」，《公羊傳》「凶年不脩」，〔註130〕《穀梁傳》「以其用民力為已悉矣」，〔註131〕《左傳》「書不時也」，〔註132〕檢視有關三傳有關「興作」書例的詮釋，大多類此，《公》、《穀》多言其違禮失度，《左傳》則言其不時，觀點或不相同，但耗損民力，言其不時，同屬違禮的批評，足見三傳認為《春秋》書錄「興作」，並非只是以備記錄而已，更重要是藉以說明法度所在。

　　《春秋》既是有意申明法度，對於「田賦」書例，同樣也是令人懷疑，例如《春秋》宣十五年「初稅畝」，三傳就多有討論：

> 《公羊傳》「初者何？始也。稅畝者何？履畝而稅也。初稅畝何以書？譏。何譏爾？譏始履畝而稅也。何譏乎始履畝而稅。古者什一而藉，古者曷為什一而藉。什一者，天下之中正也。多乎什一，大桀小桀，寡乎什一，大貉小貉。什一者，天下之中正也，什一行而頌聲作矣。」〔註133〕

> 《穀梁傳》「初者，始也。古者什一，藉而不稅。初稅畝，非正也。古者三百步為里，名曰井田。井田者，九百畝，公田居一。私田稼不善，則非吏。公田稼不善，則非民。初稅畝者，非公之去公田而履畝十取一也。以公之與民為已悉矣。古者公田為居，井　蔥韭盡取焉。」〔註134〕

> 《左傳》「初稅畝，非禮也。穀出不過藉，以豐財也。」〔註135〕

〔註127〕同注1，卷三，頁38。
〔註128〕同注8，卷二，頁23。
〔註129〕同注9，卷四，頁72。
〔註130〕同注1，卷九，頁109。
〔註131〕同注8，卷六，頁64。
〔註132〕同注9，卷十，頁178。
〔註133〕同注1，卷十六，頁207～208。
〔註134〕同注8，卷十二，頁122。
〔註135〕同注9，卷二十四，頁410。

對於「什一而藉」，以及「井田」之制，《公》、《穀》似乎各有主張，既關乎古制，前人討論多矣，〔註136〕但三傳強調維持古制，改制乃違禮之舉，立場頗爲一致，檢視《春秋》「田賦」書例，概皆如此，如哀十二年「春，用田賦」，《公羊傳》「譏始用田賦也」，〔註137〕《穀梁傳》「用田賦，非正也」，〔註138〕立場可以具見，只是時移世改，制度變革，或有不得已而然者，《春秋》是否純爲譏刺，有待進一步討論，楊伯峻《春秋左傳注》對於「初稅畝」就認爲「對古代制度之大改革，有其進步意義與作用」，〔註139〕《春秋》書錄只是備存典制變革，不過配合《左傳》哀十一年所載季氏欲以田賦，孔子的說法：

> 君子之行也，度於禮：施取其厚，事舉其中，斂從其薄。如是，則以丘亦足矣。若不度於禮，而貪冒無厭，則雖以田賦，將又不足。且子季孫若欲行而法，則周公之典在：若欲苟而行，又何訪焉？〔註140〕

強調典制既在，變革只是遂行個人的「貪冒」，違禮失度，人心無厭，如此將永無寧日，對於典制的維護，明顯可見，三傳可謂得孔子之遺意矣。

五、災異與民生

《春秋》二十二門部關乎自然現象者，包括「豐凶」與「災祥」，「災祥」以自然異象爲主，「豐凶」則是集中於收成問題，兩者既相互影響，又各具意義，但同樣切近於百姓生活，《春秋》書錄以備記錄。尤其「豐凶」之事，攸關百姓生活，《春秋》「有年」、「饑」、「告糴」、「無麥苗」、「無麥禾」等，內容或有不同，年豐吉慶，荒年鑒戒之意，並無不同，《春秋》桓三年「有年」，

〔註136〕「藉」與「井田」兩者既有不同，諸家也各有不同的詮釋，《漢書·食貨志》調和其說「井方一里，是爲九夫。八家共之，各受私田百畝，公田十畝，是爲八百八十畝，餘二十畝以爲廬舍。」見班固撰，《漢書》卷二十四上，頁1119。一夫一百一十畝，十畝爲公田，符合什一之義，但是否符合古制，後人仍多有討論。例如，鄭玄注《周禮·匠人》認爲邦國內外異法，稅有輕重不同，什而取一，是屬通內外之率。見鄭玄注，賈公彥疏《周禮注疏》卷四十二，頁651。各種說法差異是反映因地制宜，經之所言，則是取其均數。
〔註137〕同注1，卷二十八，頁352。
〔註138〕同注8，卷二十，頁203。
〔註139〕楊伯峻撰，《春秋左傳注》（臺北：洪葉文化事業公司，1993年5月）頁766。
〔註140〕同注9，卷五十八，頁1019。

《公羊傳》「亦以喜書也」，〔註141〕深明年豐之樂。《春秋》襄二十四年「大饑」，
《穀梁傳》云：

> 五穀不升爲大饑，一穀不升謂之嗛，二穀不升謂之饑，三穀不升謂
> 之饉，四穀不升謂之康，五穀不升謂之大侵，大侵之禮，君食不兼
> 味，臺榭不塗，弛侯，廷道不除，百官布而不制，鬼神禱而不祀，
> 此大侵之禮也。〔註142〕

雖是分別釋義，但闡明《春秋》書例，備載禮制，哀矜之意溢於言表。

　　至於《春秋》有關「災祥」部分，書錄尤爲詳細，舉凡天文、地理、節
候、氣象、生物、水火等變異之處，既關乎民生，嘗試說明天人之間對應關
係，雖然《公》、《穀》屢屢提及「外災不書」、「外異不書」，但卻又言及「災
甚」、「爲天下記異也」，〔註143〕可見天地變異影響深遠，《春秋》廣蒐博採以
備參鑒的用意，並不以國內爲限，只是比較而言，在「祥瑞」與「災異」之
間，《春秋》書錄內容其實偏重於災異爲多，作爲警戒的目的，不言可喻，《穀
梁傳》「有志乎民者也」〔註144〕、《左傳》「凡物不爲災，不書」，〔註145〕可爲
證明。三傳除言「記異也」外，針對其中特殊書法，也有諸多申明發揮之處，
例如《春秋》僖十六年「春，王正月，戊申，朔，隕石于宋，五。是月，六
鷁退飛，過宋都」，三傳各有說明：

> 《公羊傳》「曷爲先言實而後言石？實石，記聞，聞其磌然，視之則
> 石，察之則五。……曷爲先言六而後言鷁，六鷁退飛，記見也，視

〔註141〕同注1，卷四，頁50。
〔註142〕同注8，卷十六，頁158～159。
〔註143〕例如《春秋》莊十一年「宋大水」，《穀梁傳》云「外災不書，此何以書？王
　　　　者之後也。」文三年「雨螽于宋」，《公羊傳》云「外異不書，此何以書？爲
　　　　王者之後記異也。」《穀梁傳》「外災不志，此何以志也？曰災甚也。」成五
　　　　年「梁山崩」，《公羊傳》云「外異不書，此何以書？爲天下記異也。」襄九
　　　　年「宋災」，《公羊傳》「外災不書，此何以書？爲王者之後記災也」，《穀梁傳》
　　　　「外災不志，此其志何也？故宋也」，昭十八年「宋、衛、陳、鄭災」，《公羊
　　　　傳》「外異不書，此何以書？爲天下記異也」等，見何休解詁，徐彥疏《春秋
　　　　公羊傳注疏》卷十三，頁166、卷十七，頁218、卷十九，頁245、卷二十三，
　　　　頁291。范甯集解，楊士勛疏《春秋穀梁傳注疏》卷五，頁52、卷十，頁100、
　　　　卷十五，頁150。雖然「爲王者之後記異」、「故宋」的理由有些奇怪，但「爲
　　　　天下記異也」的說明，則有助於了解《春秋》蒐討既廣，書錄以備參鑒的用
　　　　意。
〔註144〕同注8，卷七，頁72。
〔註145〕同注9，卷十，頁178。

之則六，察之則鶂，徐而察之則退飛。五石六鶂何以書？記異也。外異不書，此何以書？爲王者之後記異也。」〔註146〕

《穀梁傳》「先隕而後石何也？隕而後石也。于宋，四竟之內曰宋。後數，散辭也，耳治也。……六鶂退飛過宋都，先數，聚辭也，目治也。子曰：石無知之物，鶂微有知之物。石無知，故日之。鶂微有知之物，故月之。君子之於物，無所苟而已。石鶂且猶盡其辭，而況於人乎，故五石六鶂之辭不設，則王道不亢矣，民所聚曰都。」
〔註147〕

《左傳》「十六年，春，隕石于宋五，隕星也。六鶂退飛過宋都，風也。周內史叔興聘于宋，宋襄公問焉，曰『是何祥也，吉凶焉在？』對曰『今茲魯多大喪，明年齊有亂，君將得諸侯而不終。』退而告人曰『君失問，是陰陽之事，非吉凶所在也。吉凶由人，吾不敢逆君故也。』」〔註148〕

《公羊傳》從語序觀點分析經文，強調觀察的進程，《穀梁傳》則說明眼耳觀察的順序不同，但不論是強調理解事件的順序，或是分別事件的對應關係，《公》、《穀》闡釋《春秋》書例，一字一句都有理據，足證《春秋》書例嚴謹，然而其中無一言及於吉凶，無一字落於玄虛，《左傳》更純就事理說明，直指原因所在，有趣的是周內史叔興更據以說明「吉凶由人」的主張，彰顯出天地異象之中的人本思惟，《春秋》書錄之精神，從而可知。

六、盜殺與刑戮

《春秋》二十二門部中「盜殺」與「刑戮」以現今概念而言，比較接近法律層面問題，衰微之世，禮既無法綱紀，盜賊多有，不僅竊寶奪器而已，甚至賊殺大夫、諸侯，也是屢有聽聞，上下既紊，《春秋》特加書錄，以明罪責，《春秋》哀四年「庚戌，盜殺蔡侯申」，《公》、《穀》皆有闡發：

《公羊傳》「弒君，賤者窮諸人，此其稱盜以弒何？賤乎賤者也。賤乎賤者孰謂？謂罪人也。」〔註149〕

〔註146〕同註1，卷十一，頁139。
〔註147〕同註8，卷八，頁84～85。
〔註148〕同註9，卷十四，頁235～236。
〔註149〕同註1，卷二十七，頁343。

《穀梁傳》「稱盜以弒君，不以上下道道也。內其君而外弒者，不以
弒道道也。《春秋》有三盜，微殺大夫謂之盜，非所取而取之謂之盜，
辟中國之正道以襲利謂之盜。」〔註150〕

按：「微殺大夫」者，檢視《春秋》經文，有襄十年「盜殺鄭公子騑、公子發、
公孫輒」、昭二十年「盜殺衛侯之兄縶」、哀十三年「盜殺陳夏區夫」；而「非
所取而取之」者，有定八年「盜竊寶玉大弓」；至於「辟中國之正道以襲利」
者，則似乎是專指本則經文「盜殺蔡侯申」，配合下文「蔡公孫辰出奔吳」，《左
傳》「公孫翩逐而射之」的內容，〔註151〕所謂之「盜」顯然並非微者，所以《穀
梁》據以申論，「襲利」而違正道，既然有失分際，所以不從君臣之義，《春
秋》稱「盜」以責之，《穀梁傳》分別三種不同層次，意義不難了解。除題稱
之外，《春秋》書「弒」、書「殺」更具見上下交相賊，倫常之失，〔註152〕《春
秋》書錄以彰大義，同樣也是備載參鑒用意。

有趣的是《春秋》既書「盜殺」，卻也記錄「刑戮」，從罪責與刑罰的層
面，闡明一國之體制，從上而下，申明責罰，《春秋》書錄「殺」、「刺」、「戕」、
「放」、「執」、「歸」、「用」、「釋」、「畀」、「肆眚」等，內容既多，難以詳論，
不過舉例言之，《春秋》隱四年「衛人殺州吁于濮」，《公羊傳》云：「其稱人
何？討賊之辭也。」〔註153〕《穀梁傳》云：「稱人以殺，殺有罪也。」〔註154〕
重點似乎在於人物題稱，僖七年「鄭殺其大夫申侯」，《公羊傳》云：「稱國以
殺者，君殺大夫之辭也。」〔註155〕《穀梁傳》云：「稱國以殺大夫，殺無罪也。」
〔註156〕於是稱人、稱國意義不同，人為國本，大夫為股肱，稱人為討罪，稱
國則大夫無罪，書例用意不難理解，同樣用「殺」，罪責從題稱見義，所以《春
秋》僖五年「晉侯殺其世子申生」，《公羊傳》云：「殺世子母弟直稱君者，甚
之也。」〔註157〕《穀梁傳》云：「目晉侯斥殺，惡晉侯也。」〔註158〕從題稱

〔註150〕同注8，卷二十，頁200～201。
〔註151〕同注9，杜預注，孔穎達疏《春秋左傳正義》卷五十七，頁999。
〔註152〕參見拙撰〈春秋書弒例辨析〉，《致理學報》第九期，1995年11月，頁145
～171。
〔註153〕同注1，卷二，頁30。
〔註154〕同注8，卷二，頁20。
〔註155〕同注1，卷十，頁129。
〔註156〕同注8，卷八，頁78。
〔註157〕同注1，卷十，頁127。
〔註158〕同注1，卷七，頁74。

「晉侯」與「世子」，直指殺人之惡，可見「刑戮」也者，存一國刑罰之體，但書錄以備參鑒，字句間有其微義。

總括而言，《春秋》書錄十二公，二百四十二年間事，共千八百餘則，共二十二門部，區分爲權與位、盟會與爭伐、喪葬與祀祭、興作與田賦、災異與民生、盜殺與刑戮等六個主題，從人物層面、國家層面、宗法層面，擴大至政令、民生、法制之中，以現今概念，可以說舉凡人君、國家、宗法、社會、民生、法律等問題，皆已統括具備，層面既廣，體制嚴然，從紛雜事例中建構出一國之典，「君君、臣臣、父父、子子」（《論語・顏淵篇》），秩序既立，違順之間，無關乎褒貶，而褒貶可見，以尊王一統的精神，建構主體意識，杜預〈春秋序〉云：「仲尼因魯史策書成文，考其眞僞，而志其典禮，上以遵周公之遺制，下以明將來之法」，〔註 159〕於是典制既備，《春秋》書例之意義亦從而得見。

伍、結　論

《春秋》關乎聖人之志，影響深遠，只是檢視歷來《春秋》之研究，執著於褒貶義例，解經如同射覆，不僅彼此歧出，甚至相互矛盾，其實既言「《春秋》，天子之事也」，又豈在定人是非，言人功過而已，雖然《春秋》文約而旨隱，但綜觀博取，得其大體，從褒貶之中，提升到國家體制，由書例而明體例，對於《春秋》自然有不同的體會，《穀梁傳》宣十五年云：

> 爲天下主者，天也。繼天者，君也。君之所存者，命也。爲人臣而侵其君之命而用之，是不臣也；爲人君而失其命，是不君也。君不君，臣不臣，此天下所以傾也。〔註 160〕

強調從對應關係中，君臣必須信守彼此分際，只是《穀梁傳》要歸之曰「命」，既是得之於天的天命，又是君以執之的君命，雖然稍涉玄虛，但細加按究，《穀梁》提醒權力的來源與分際之餘，同樣也已暗示《春秋》建極立制的用心，天下所以能不傾，在於人守其分，只是分際也者，卻是必須從體制來思考。

本文嘗試以宏觀角度，重新反省《春秋》書例，一方面從歷史的詮釋中，尋找定位，另一方面也在三傳的經解中釐清線索，振葉尋根，觀瀾索源，歸

〔註 159〕同注 9，卷一〈春秋序〉，頁 10。
〔註 160〕同注 8，卷十二，頁 122。

納出《春秋》書例的方向，以《公羊傳》表彰的《春秋》尊王一統主張爲例，影響傳統體制深矣，雖然楊伯峻先生認爲「大一統」之說是秦漢大一統後的想像之辭，〔註161〕但《春秋》「四時具，然後爲年」，其中確實無稱楚、吳、越爲君者，尊周書例不難推知，甚至配合《穀梁》、《左傳》也無異辭，所以秦漢的一統，應是春秋以下儒者反省時局，高倡一統主張的結果，孟子回答梁襄王「定于一」，〔註162〕豈非明著其說，因果之間，似乎應再斟酌。只是後人在尊王一統的書例中，過於偏重於「尊王」而輕忽「一統」其實有應天承命的微意，受制於君權之下，未能充分發揮《春秋》大義，不免有憾，但深究《春秋》建極立制的用心，卻也更顯可貴。此外，《春秋》據魯史而成文，分別內外，同樣也是三傳共同留意的書例，固然印證「魯不棄周禮」、「周禮盡在魯矣」的說法，但由此發揮隱諱不書，以及華夷之辨的問題，對於後世形塑國族意識，影響深遠，《春秋》內外有別的書法，有助於主體性的建立，卻也是不爭的事實。然而《春秋》書例不僅於此，建立體例，申明典制的用意，更是可以藉由歸納經文得出結論，六大範疇，備列《春秋》書法內容，在此彼分際中，找尋適切的定位，一方面藉事以明理，另一方面綜整典制，提供分別上下的原則，體制不明，自然無所謂褒貶，《春秋》書例既立，國家體制亦從而可知，本文綜整歸納，大抵有如下結論：

一、《春秋》尊王一統主張，三傳既無歧異，歷來也多有發揮，然而追根溯源，書例既關乎國家體制，影響深遠，顯然並非僅是褒貶罪責而已，提醒《春秋》書例在立不在破，去除枝節，取其大體，以宏觀視野，了解聖人建極立制的用心，應是必須留意的詮釋方向。

二、雖然歷來對於《春秋》書例，多有誤解，但《春秋》建構體制，強調應天制命，君秉天命，臣秉君命，彼此各有分際，仍是知識份子思考國家定位，強化國家體制的重要指標。

三、《春秋》雖然強調天命，但卻也著意於分別內外，固然以往僅是著墨於隱諱與攘夷主張，讓人誤解其中曲筆失實，或是限囿於狹礙的民族思想，其實強調國族意識，形塑主體精神，才是書例用意所在。

〔註161〕同注139，「前言」頁11。但楊氏對《公羊傳》宣十八年「吳、楚之君不書葬」，卻認爲是「有道理、有參考價值」，頁 27。似乎對於《春秋》崇周尊王的主張，尚未有一致的立場。

〔註162〕同注26，卷一下〈梁惠王章句上〉，頁21。

四、《春秋》書錄內容複雜，執一而論，往往歧出，然而綜整書錄內容，卻可以概見六項主題，權與位、盟會與爭伐、喪葬與祀祭、興作與田賦、災異與民生、盜殺與刑戮等，從對應關係，建構體系，備載一國典制內容，體制既立，《春秋》大義終能得見。

五、澄清《春秋》書例，釐清體制內容，所謂「上明三王之道，下辨人事之紀」，才能對治「世衰道微，邪說暴行有作」，違順之間，褒貶有準的，聖人建極立制的用心，也才有著落。

　重新檢視《春秋》書例，並非有意立異，而是思考儒家的終極關懷其實是在於以應世用，淑世是儒者的宿命與責任，體制不清，權責不明，只會耗損國力，人人各是其是，各非其非，最終是社會紊亂，價值崩解，《春秋》對治亂世，是以正治亂，而非亂中添亂，在亂臣賊子中分別輕重，唯有建立體制，分際既明，秩序才能建立，只是本文以宏觀視野省察，援取大者，略其歧異，並未能一一釐清細節，有違學者本分，率然立論，更多有惶恐，只希望藉以思考國家定位問題，提供解讀《春秋》大義另一條詮釋路徑，疏忽鄙陋，尚祈博雅君子諒焉！